新凤霞小像 / 吴幼麟　绘

《百年巨匠》编委会

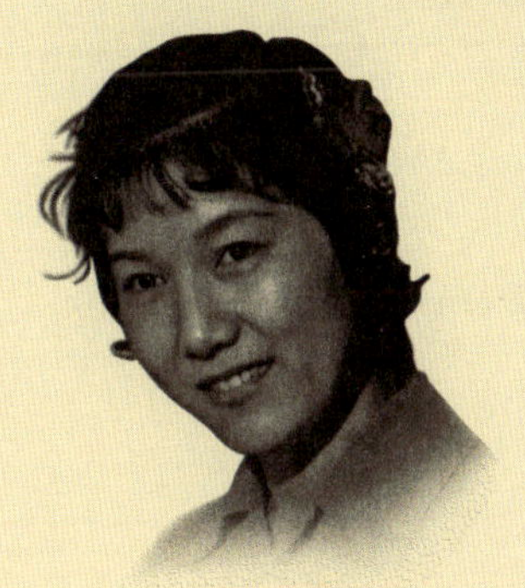

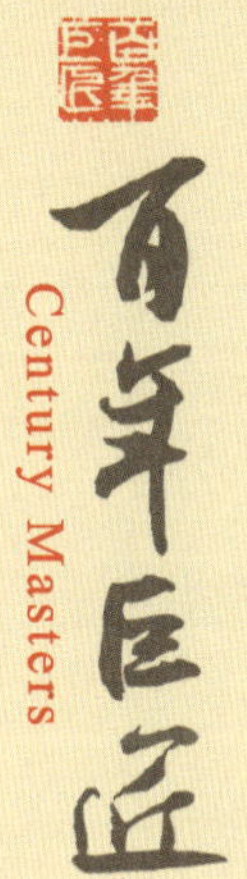

新凤霞

吴幼麟 ◎ 著

文物出版社

图书在版编目（CIP）数据

新凤霞 / 吴幼麟著. -- 北京 : 文物出版社, 2025. 1. -- （百年巨匠）. -- ISBN 978-7-5010-8653-5

Ⅰ. K825. 78

中国国家版本馆CIP数据核字第20241GQ693号

百年巨匠·新凤霞

著　　者　吴幼麟

总 策 划　刘铁巍　杨京岛
责任编辑　吴　然
封面设计　子　旃
责任印制　张　丽

出版发行　文物出版社
社　　址　北京市东城区东直门内北小街2号楼
邮　　编　100007
网　　址　http://www.wenwu.com
邮　　箱　wenwu1957@126.com
制版印刷　天津裕同印刷有限公司
经　　销　新华书店
开　　本　710mm×1000mm　1/16
印　　张　11.25
版　　次　2025年1月第1版
印　　次　2025年1月第1次印刷
书　　号　ISBN 978-7-5010-8653-5
定　　价　88.00元

宣传巨匠推广大师 为时代树立标杆

蔡武

文化部原部长 《百年巨匠》总顾问

文化精品创作工程包括重大出版工程、影视精品工程。《百年巨匠》就是跨界融合的一个重大文化工程，它深具创意，立意高远，选题准确、全面，极富特色，内容精彩纷呈，内涵博大精深，基本涵盖了我国20世纪这一特定历史时期在文学艺术方面的成就及其代表人物。它讲述的不仅仅是各位巨匠的传奇人生，更是他们的文学艺术成就同民族、国家，同历史、文化，同当代世界，同20世纪风云激荡的年代，以及同人民的命运都是紧密相连的。他们的成就对整个社会产生了重要而深远的影响。因此，立足21世纪的当今，系统全面科学解读巨匠人生与大师艺术，有着特殊而积极的意义，是社会和时代的要求。

作为一个有影响力的文化品牌，《百年巨匠》的表现形式也是多样的。《百年巨匠》丛书和纪录片互动互补，是出版界与影视界的跨界合作与融合发展，形成了叠加影响和联动效应，进一步丰富和扩大了品牌的内涵和外延。在信息社会“四屏”时代，用这样的一种方式来表达重大深刻的主题，具有重大的创新意义，是对中华优秀文化传承发展进行创造性转化、创新性发展的成功探索。体现出强烈的历史感、时代性、民族性，具有鲜明的中国特色，必将产生深远的影响。

一个民族自立于世界民族之林，离不开民族的自信心与自尊心。而民族的自信心和自尊心有其思想基础和人文轨迹，即对民族文化的重要代表人物和优秀传统应当有比较全面的了解并进行广泛传播。一个国家的历史需要记录，文化艺术同样如此。《百年巨匠》丛书秉承文献性、真实性、生动性原则，客观还原大师原貌，以更为宏阔的历史维度对大师们所经历的时代给予不同视角的再现和解读，为读者开启一扇连接 20 世纪中国近现代文化艺术史的大门。

巨匠们的艺术成就、人生经历、精神高度，彰显了中华民族文化在这个时代所能达到的高度，不仅有文学艺术上和文化史上的价值，而且有人文思想美学上的划时代性贡献。《百年巨匠》可以增强我们的文化自信和实现中华民族伟大复兴的意志。

《百年巨匠》还有一个重要意义，它能够激励我们后来人砥砺奋进，勇攀高峰。这些文化艺术巨匠有着深厚的爱国情怀和强烈的民族责任感，他们将个人荣辱兴衰与国家、民族命运联系起来，用文化艺术去改变现实，实现理想。在新旧道德剧烈冲撞中，他们所表现出来的高风亮节是后来人的楷模。他们所传导出的强大正能量，会激励一代又一代广大读者，对促进我们整个民族新一代的教育与成长，有着非常重要的启迪意义。他们的精神是引领和鼓舞我们再出发的航标与风帆。

《百年巨匠》也给了我们很多的启示，可以帮助我们回答和破解“钱学森之问”。20 世纪产生了那么多的大师，新世纪、新时期我们应该如何助推产生出新的大师？这些巨匠的成长轨迹给我们揭示了大师们成长的规律，如要深具家国情怀，要胸怀高远理想；要深深扎根于人民，与人民同呼吸共命运；既继承民族优秀传统文化，又要勇于创新；并以非常包容的心态去拥抱一切文明成果等。

《百年巨匠》仅反映了20世纪百年的文化形态和人文生态，我们应该把这个事业延续下去，面向21世纪。对艺术大师的发掘是通过他们的作品来体现的，而他们的作品既是中华文化的传承，又进一步丰富、创新了中华文化的构成。从这个意义上讲，宣传这些艺术巨匠就是弘扬中华文化。这些艺术巨匠作为中国名片，拥有较强的国际影响力，这一工程的推进，可以有效推动中华文化和中国出版走出去。不仅仅局限于艺术领域，还可以从广度上、外延上扩大至整个文化领域，甚至把科技、教育等领域的巨匠们也挖掘展示出来。

一个国家文化事业的繁荣与发展，既需要广大艺术家的努力，也需要大师巨匠的引领。宣传巨匠，推广大师，为时代树立标杆，无疑是我们责无旁贷的历史责任。巨匠之所以是巨匠，大师之所以能成为大师，是因为他们以具有强烈时代感和创新精神的作品站在了巅峰。而他们巨作的背后，是令人钦佩的工匠精神，这种工匠精神的发掘和弘扬在当下具有重要的现实意义。同时，这百年的文学艺术史已有的众多成果，从学术上也要系统总结。而长期以来一直困扰我们的一大难题，就是如何把这些重要的学术研究成果进行转化和再创造，使之成为可被大众接受、雅俗共赏的精品佳作。从这个意义上讲，《百年巨匠》丛书的出版也是非常值得赞许的。

当前，我们的文化艺术事业虽然取得了长足的进步，但是相对于时代的重任，人民的厚望，尚有作品趋势跟风、原创性匮乏、模仿严重等问题，希冀大家在《百年巨匠》作品中得到更多的启迪和感悟。

我们国家正处在重要的历史时期，为我们文艺创作提供了丰沃的土壤和广阔的空间。中华民族的伟大复兴，呼唤一切有为的文艺工作者，为繁荣中国特色社会主义文化、建设社会主义文化强国，奉献毕生的才华和创作热情，将高度的社会责任感和历史使命感化作文艺创作的巨大动力，创作出无愧于时代、无愧于祖国和人民的优秀文艺作品，让我们这个时代的文艺创作异彩纷呈，光耀世界。

母亲的选择

吴　欢

“百年巨匠、百年史诗 —— 百位大师风采特展”在中国国家博物馆开幕，全面展现了 20 世纪杰出人物们的风云人生。家母新凤霞先生位列其中，这对我而言自然意味深长。作为新凤霞的儿子，一方面与有荣焉，另一方面却也颇为伤感。

“好事多为难事，名人都是苦人。”往事不堪回首，回眸过去，哪位名人不是成就与苦难相伴？然而，成就与苦难到底是怎样一种诡谲莫测的关系？是苦难纠缠成就，还是成就引发苦难，抑或苦难与成就天生就是一对冤家？内中的真情实感只有当事人的体验才是真实的答案。

尘世沧桑，人间一瞬。先人往矣，吾辈来也！如今我已年过七十，步入古稀之列，说句自嘲的话叫末日不远了。我只有托付我的儿子幼麟，让其为他奶奶写下这部传记，虽说不能还原全部往事，至少血亲一脉，比外人更清楚一些。

母亲这一生最重要的选择就是选择了文化，她选择了文化，就从根性上有了寄托。有了这个寄托，她这一生便就完整了。无论她经历何种艰难困苦，最终落得半身残疾，但是她成为画家、成为作家，最重要的是，她成为艺术界的女性典范。母亲生前出版了 27 本书，创作了 3000 多幅国画。在这个意义上，母亲虽然一生坎坷，而且年逾四十就已身残，但是她完成了自己，也成就了自己。母亲与父亲的婚姻，亦是整个文艺界的楷模。

相比她同时期的大批的演员，客观地讲，母亲是最幸福的，因为她选择了文化。

目 录

第一章 雏凤新生

『我小时住在天津南市贫民区的杨家柴厂的一个大杂院。一院住了十几家，都是贫民，有卖油条的、卖破烂的、卖报的、拉洋车的、拉土车的……他们都是一年到头愁眉苦脸，小孩子也像大人一样的忧郁。』

——新凤霞《过年》

『为了唱好戏，吃苦受罪我自己觉着应该。戏班有句话：要想人前显贵，就得背后受罪。要想学好本事长能耐，就得有点忍劲儿。演员为了上台唱好戏，也要刻苦练习，有点不怕苦、上台不认父的精神头儿。』

——新凤霞《忍》

童年时光

20世纪30年代的一天，天津南市，天公不作美，大雨下了一天也没有要停的迹象。胡同里的大杂院内挤了大大小小十几户人家，雨水积满了院子，又悄无声息地钻进所有人家。

屋外雨声阵阵，屋内土炕上，一个小女孩认真剪着手里的纸片，嘟着嘴喃喃："老天爷，求求了，妈妈说我们是挣一天吃一天的人家呀。"小女孩举着剪好的"小人儿"——一张小纸片剪的小女孩人形，左手拿着簸箕，右手抓着笤帚。"我剪了'扫天晴'啦，让雨停了吧！雨停了爹爹就能出去卖糖葫芦啦。"小女孩像示威一样，晃了晃手中的"小人儿"，跳下炕，踩着水郑重地把"扫天晴"挂在门上，靠着门愣愣地看着天……

这便是评剧皇后——新凤霞儿时的生活场景。

全家七个孩子，连父母九口人，温饱难继。所以，孩子刚懂事时便要想尽办法帮补家计，蛋厂打鸡蛋、火柴厂装火柴，但当孩子们逐渐长大，这些零工也难以维持一家的开销。

"我家住在天津南市升平戏院后杨家柴厂，是个典型的贫民家庭。父亲做小买卖，卖糖食、卖糖葫芦。母亲是童养媳。父亲比我母亲大十五岁。母亲生了七个孩子，全靠父亲一人养活。我从很小就知道我得给家里挣钱。"这段来自新凤霞的自述，质朴、明确。

我们常说人的命运往往取决于性格，童年是性格形成的关键期，一个不幸福的童年往往需要用一生去治愈。而实际上在那个年代，生活在天津南市升平戏院后杨家柴厂的新凤霞根本没有童年，她唯一考虑的是要把戏唱好，因为只要登台，哪怕是仅演一个猫形、狗形，就可以挣钱，父亲的压力也会削减那么一点儿。

新凤霞的父亲名叫杨金山，排行老三，上有兄弟两人。两个伯父都比她父亲要过得好些。学戏的主要阻力就来自新凤霞的父亲，杨金山性格耿直，从小在大厂学徒制作各种糖食，糖葫芦、山楂糕、海棠蜜饯以及各种糕点，看着店里往来的“好”人家的闺女们吃着甜蜜蜜，一举一动都很得体，杨金山觉得这才是女儿家该有的体面。他总想着自己的闺女或许没办法每天吃着“甜蜜”，但举止总要得体，所以他从小给新凤霞的教育就是“走路要端庄，打个呵欠要用手捂着点儿”。他极力反对新凤霞学戏，其一是因为旧社会艺人是“下九流”，即便家里再穷也不愿意自己孩子学艺；其二，也是更重要的原因，新凤霞要学戏的师父是二伯父家里的闺女——杨金香，可惜二伯父夫妇不是什么正经人。

二伯父的结发妻子淳朴、善良，只可惜早逝。没人管的二伯父凭着一身吹拉弹唱的本事，跑到青楼给艺伎伴奏，挣钱的同时还与一位姑娘产生了感情。于是姑娘从良跟二伯父回了家，两人过起了日子。这位新二伯母人性也很“豁达”，自己从了良，却开始劝别人家的姑娘从业，并且拿自己举例子，美其名曰“先从业再从良”，最后索性开起了班子（妓院）。夫妇俩积累了第一桶金后，就开始购买急需用钱人家的女儿，杨金香便是这样买进来的。二伯父发现这孩子嗓子好，骂起人来高亢嘹亮，容貌秀丽竟也英俊，尤其是那双眼睛，炯炯有神，有一种无时无刻不在亮相之感（现在想来，可能只是孩子在愤怒地瞪着他）。于是二伯父带着杨金香唱了京剧，不是为了救孩子于水火之中，只是因为唱戏来钱更多，散戏后还能陪着老爷、太太们应酬，一“物”多用。

新凤霞的父亲对二哥一家深恶痛绝，新凤霞见这两口子也是溜墙根走，每次这位新二伯母的眼珠子往她身上一转，新凤霞的心里就一阵紧张。好在杨金香为人正直，性子火暴，又是家里的“摇钱树”，尚能保着新凤霞，再加上新凤霞的母亲也时刻警惕着这位妯娌，安全上也算有保障。父母就新凤霞学戏之事屡次激烈争吵，父亲仍旧没有松口。

新凤霞的母亲名叫李玉珍，农村人，年幼时便做了杨家的童养媳，吃苦耐劳，极尽简朴。新凤霞从幼年学戏起就多得母亲的大力支持，整个从艺生涯，母亲一直陪她辗转于各个戏班，随身护卫。

经济困境往往是压垮人的第一要素。母亲接连产子，家里人口多了，那一点儿可怜的学徒工钱入不敷出。父亲很快便辞了工，自己出来单干，然而小本生意仅勉强糊口。父亲身体很快就出现了问题，从咳嗽发展到咳血，新凤霞曾见过父亲将咳在雪地上的血抓起来塞进嘴里。“有一次，我父亲一大早就上市卖货，下了一整天的大雪，父亲晚上回来，在大门口不住地咳嗽，我听出是父亲的声音，就赶快到门口去接父亲，看见父亲吐了一口血在雪地上，又趴下身去用手抓起，连血带雪送回嘴里吃下去了。”他或是认为这样就能把血补回去。那个年代，穷人家的孩子还能做什么呢？所以在新凤霞的心里，最重要的是尽快挣钱减轻家里的负担。跟姐姐杨金香学戏登台忽然变成了减轻家里经济负担的唯一办法。这一次杨金山没有再反对。

学戏启蒙

新凤霞的二伯父是京剧拉大弦的琴师，二胡、三弦也通晓。二伯母早逝，新二伯母是位班子里从良的名妓，夫妻俩算得上是精明能干。买来的大女儿叫杨金香，工京剧刀马旦，是个名角儿。新凤霞与杨金香投缘，从小跟在她左右在后台看戏、听戏。新凤霞的戏曲开蒙是京剧，老师便是这位杨金香。

六岁时，新凤霞便跟着杨金香学习京剧，当时的学戏环境可谓惨烈。首先是“冬练三九，夏练三伏”。这个谚语，通常形容人的勤奋努力、吃苦耐劳，而对于当时的戏曲演出环境来说，却是有实战意义的。这里只举一例，以前的舞台很多都是露天，再冷再热，舞台上陪着你的只能是那套戏衣，冷了热了都不能影响演出效果，发烧打摆子都得上。这就要求演员要在最恶劣的条件下锤炼技术。所以在学戏时，冬天被要求脱下棉袄，在结了冰的院子里跑圆场，没有结冰没关系，师父会打水过来为你泼水成冰；夏天师父会为你加两件衣服，顶着大太阳练功。其次就是戏曲行当的另一“酷刑”——打戏。彼时所有戏曲演员都要过此关，能够挨打尚算可造之才，如果师父都不愿意抬手打，那基本上可以认定老天没赏你这碗饭吃。

杨金香工刀马旦，人如其戏，平时脾气也与舞台上保持一致的火暴，虽说对新凤霞已经算是疼惜，可教戏的时候也绝不客气。贬低式的语言刺激是家常便饭，棍棒伺候也是不论男女的。上述两种“技术手段”各自成立，又可组合使用。先用恶语将自尊掰开了、击碎了踩在泥里（现在通常使用的名称为“PUA”），再用棍棒教你听话，这似乎是当时学艺的“不二法门”。所以不是杨金香有暴力倾向，而是她自己也是这么过来的，那个时代的每一个戏曲演员都是这样过来的。电影《霸王别姬》里有一幕程蝶衣背不下来词儿的场景，师父直接用滚烫的烟袋锅子搅嘴，现在看来或是夸张，但在当时未必不是真事。

杨金香使用的是筷子，但一样搅得六岁的新凤霞唇舌爆裂，满嘴鲜血。而新凤霞超越其他同龄小朋友的心智在此时已经展现了出来，面对种种打压和暴力，新凤霞眼中一点儿泪花都没有，只是睁着清澈的眸子给师父道歉。每当此时，杨金香又心疼了，瞪着眼使劲地拍着桌子训话，拍得手都肿了，眼泪这才忍住没掉下来。学戏的苦，教戏的也苦，姐妹两人都苦。

练功、背唱词，一遍一遍地在结冰的院子里跑圆场。在杨金香的精心调教下，六七岁的新凤霞已经可以跟着杨金香在天津大舞台演戏。虽然戏份不多，但杨金香的指导也依然到了苛刻的地步。所谓唱戏、对白都得量着调门儿，搭不上就是两层皮。七八岁的小孩童音尚在，所以念白尤其容易“冒调”（指演员唱曲念白音调略高于规定的调门，在此指孩童尚未变声），特别是念白多时，与成年人搭戏就会显得对话念白的质感极不协调。观众都是花钱来的，断然不会迁就你的年龄以及由此产生的生理现象，尤其是天津的观众（后面会专门讲到相关的轶事）。于是杨金香就会拉着新凤霞逐字逐句地教习：“你最好给我一遍就会。”这已是杨金香耐心极限的表现。练不会自然又是一阵“疾风骤雨”，也正因为如此，在杨金香的调教下，新凤霞的基本功极为扎实，心理素质亦特别强大。

艺名新凤霞

小时候的新凤霞，严格来说是没有名字的。重男轻女古已有之，女孩子不值得起个名字，都叫小女儿，高兴了叫大女儿，反正是个“不值钱”的女儿。

有一天早晨，忽然从外面飞进一只小鸟叽叽喳喳地满屋飞，最后落在窗台上不走了，小女儿看着可爱，就留下它，给它吃鸟食。大伯父对杨金山说：“这个鸟飞来可是喜鸟、福鸟哇！常言道：出门见喜飞来凤，凤是鸟中王。”大伯父能写会算，是家里的秀才。他说：“给小女儿起个名，就叫‘凤儿’吧。”大伯父就这样随便一说，全家人就都叫她凤儿了。凤儿也就算是个名字了。

后来小凤儿跟着堂姐杨金香学戏，演出的机会多了。有这么一天，在后台，杨金香盯着小凤儿自言自语地说：“小凤儿长大了，能上台演个小孩儿了，也该起个艺名了。”杨金香满脸笑容地问小凤儿：“你说呢？”小凤儿仰着小脑袋：“姐姐，那敢情好哇！要是起好了艺名，我就穿上姐姐给我买的红布衫儿。”杨金香说：“唱戏的高，在艺不在衣，起个艺名就要唱好戏，先不许讲穿戴。往后你的艺名还要上戏报，上说明书，上报纸哪！可不许有了名就长架子‘拿糖’，忘了根本啊……小凤儿啊，你的艺名应当跟着我取，我叫杨金香，你就叫杨银香吧。好了，让你占我一个字，就叫杨银香。”

可新凤霞从心里对“银香”这个名字就不满意，其一是因为新二伯母买来的闺女中，已经有一个叫“小银子”的，因不够唱戏的材料，进了班子当了妓女；其二是因为银子不如金子，还不免被人说是占了人家一个“金”字的便宜，心气儿高的新凤霞何必沾别人的光。只是新凤霞心里想着，却又不敢直接说出来，被逼问急了，便也豁出去，理直气壮地说：“我不愿意，银子不如金子，这是姐姐你教训我的：‘不比老，不比小，唱戏要比好。’你让我叫杨银香，我就得跟你杨金香比，要不我比谁呢？你是金子，好到了头了，我怎么比呀？”说完又低头小声嘟囔：“是你说的不许我说假话，我说的可是心里话。挨顿打我认了，我就不愿意叫杨银香。”杨金香听后，不仅没有生气反而笑了，她用手搬起新凤霞的下巴颏儿，郑重地说：“唱戏的就是要有这股子倔劲！人往高处走，水向低处流。我的小凤妹子有出息。”于是起艺名的事，就又搁置了。

小凤儿十三岁拜评剧老师学评剧，因曾学京剧，有基础，学戏快，很快便能上台演出。评剧师父说：“应当起个艺名了。”小凤儿曾先后拜了几位老师，王先舫、张福堂、邓砚臣，师姐妹的名字中有“霞”的最多，如新红霞、新艳霞、新翠霞、新美霞、花彩霞、花凤霞等。“那就新凤霞！”不知角落里的哪位文武场先生搭了这一句，小凤儿高兴了：“新凤霞好！我就叫新凤霞了呢！”

中华人民共和国成立后，新凤霞进了扫盲班学习文化，直到此时，她才会写这个早已红遍大江南北的名字。新凤霞总说自己写得不好看，她学着画写意水墨画，非要爱人吴祖光先生题字。新凤霞一直埋怨这个艺名笔画多、不好写，可是没想到的是，这个艺名代替了本名、学名，与评剧艺术的辉煌相伴、相随，永远铭刻在中国评剧史上和戏迷的心中。

正式拜师

1939年，天津发大水，直到8月中才算退去。新凤霞所住的南市是低洼地，周边剧场大多进了水，开不了戏，不想这倒成了新凤霞拜师的一个契机。

原本学京剧也是大有可为，但新凤霞还是转投了评剧。原因很简单，一个字，穷。事缘二伯父举家迁徙，杨金香自然也要跟着转移。杨金香的起点断然是不低的，而新凤霞的父母是绝无预算再给新凤霞请一个名师。转投评剧有很多好处，评剧师父相对经济实惠，而且有了京剧的底子，出师所需时间相对较短，能尽快解决家里的经济问题。

新凤霞拜的第一个师父名不见经传，可是也是举全家之力，费尽心思才得成功。

引荐人是升平戏院的领位员王大爷。这天，王大爷来到新凤霞家中告知，最近都开不了戏，演员们都闲着，正可以去拜师。新凤霞一家都很兴奋，可马上问题就来了。南市地势低，尤其新凤霞一家居住的大杂院更是南市最低洼处，阴冷潮湿，水汽久久不散。院里的女孩子们都得了一种怪病，手上、脚上长疥疮，而且专在手指缝和手腕滋生。开始是很多透明的小水泡，刺痒难当，小孩子们又很难忍得住不去抠挠，随后很自然地开始破裂化脓。穷人家没太多办法，只有拿“治百病”的香灰调了油，抹在患处，于是两只手布满了黑痂，这如何见得人，更如何拜师呢？大家经过商量，还是决定试一试。新凤霞的父亲挑了最好的糖葫芦用托盘装了，新凤霞捧着，跟着王大爷去见师父。果不其然，师父瞥见新凤霞双手的一瞬便掩饰不住地嫌弃，草草寒暄几句，死活不收。对带来的拜师礼更是不屑，说到底还是觉得收了这个徒弟并没有什么油水可榨。好说歹说，最后看在王大爷的面子上，师父才勉强敷衍着让好了再来瞧瞧。

这件事让年幼的新凤霞明白，没人会在乎你的死活，越说穷，越被人看不起罢了。她没有时间自卑或低落，而是默默想着怎么能让师父收了自己。祖师爷垂怜，新凤霞手上的疥痂慢慢脱落，双手竟未落下一个疤痕。王大爷也多照顾，一直记着新凤霞拜师的事。全家人决定再试一次，新凤霞不声不响地把衣服洗得干干净净，父亲借了钱，买齐拜师的四样礼物。这回王大爷领着腰板挺得笔直的新凤霞直奔师父的家门，顺利说下了拜师的日期。

到了拜师的那天，要在家里请客，请客钱自然又是借的，饭菜也只有一顿面条。师父领了十来个人，无非是从师娘到师大爷、师叔、师姑所有。新凤霞那天就成了“磕头虫”，但心里是格外高兴，终于能学戏了，距离登台和养家似乎只有一步之遥。

然而这一步却布满荆棘，走得格外艰辛。

说到京剧和评剧，还有一个小故事。早期京剧被称为平剧，而评剧也叫平剧。于是京剧界率先不干，两班人马在北平吵得天翻地覆。后来李大钊先生出面，给评剧的“平”加了一个言字旁，事件才得平息。

从学戏到唱戏

旧社会学戏，最低限度是给师父干活，而且是每天去家里、去后台干活。干活的种类包括但不限于如今的家政服务员范畴，只不过家政服务员有工资，这已经秒杀了当时所有的徒弟。而且，家政服务员大概率不可能兼及推拿、调解家庭矛盾、伺候鸦片烟等事项，当然鸦片烟自然也不是一般师父能够“享用”的。每天鞍前马后，被师娘拧着，扫完前院扫后院，厨房厅堂来回忙，斟茶递水再跑腿，即便小孩精力再旺盛，也是累得够呛。等到师父肯开口教，徒弟的气怕是泄了大半。可即便如此，上进点儿的徒弟也是每天都去。因为那会儿教戏只有口传心授，不可能指望有教案笔记，更谈不上什么教学体系。负责任或有心的师父看你辛苦，会定期教唱；不负责或没心的，那就是高兴了教两句，不高兴了，十天半个月不开一回口。很不幸，新凤霞的这位“首席”评剧师父就属于后者。

自从新凤霞拜了师，便是风雨无阻地每天去报到，师父家里、后台总能看见一个瘦小的身影，或抡着笤帚，或捧着茶壶，卖着力气。可就是这样，过了十天半月，也没见师父教上一句，而且理由也是花样百出。头疼、腰疼出现的频率最高，这大概与可以索取免费推拿有关。牙疼出现的概率略低，毕竟赚不到徒弟什么劳力。家里钱找不见或是借故与师娘吵架之类的套路，则一般只有在新凤霞催教戏催得紧了才会使出来搪塞。也并非一点儿没教，送点礼或者哪天师父极度高兴了，偶尔也能学上两句。

学戏的时候，师姐们排成一排，战战兢兢，生怕师父找个茬，今天就又都白来了。师父也不说话，先“吧嗒吧嗒”吸一袋烟，烟袋锅子磕了磕鞋底，才幽幽地道：“听好了哇。”高高矮矮一排耳朵恨不得贴着师父的嘴皮子，一段戏飞快地过去，最多重复两遍。师父满意地期待着自己的成果：“有谁会啊？”只有新凤霞会，因为杨金香每次教戏时，也就来一遍。“我会！”新凤霞实在，张嘴就来。“你会了啊，”师父笑眯眯地，“你给师姐妹们说说，我睡一会儿。”说完，他自己翻身一躺，大被蒙头，呼呼睡去，这节课就算上完了。留下一帮学生们瞠目结舌，都盯着新凤霞，“连环套”把自己也套进去了。江湖险恶，职场阴险。这种教学效率可见一斑，一来二去，能拿得出手并上台展示的，只有一出《打狗劝夫》里的丫鬟。

被打被骂、酷暑严寒，新凤霞都不怕，唯独学不上戏让新凤霞有些泄气，小小的童儿头一次感受到了迷茫。所幸，正因为新凤霞天天在师父家里、后台伺候着，尽心尽力，旁人看得多了，总会出来说两句。首先就有这么一位琴师跟新凤霞说了实情。

新凤霞拜的这位师父原本是唐山矿上的职工，好唱，一条嗓子先天条件还真是不错，就成了票友，后来拜了唐山评剧名角盖五珠。那个时候，戏曲舞台上还没有女演员，都是反串，符合全球早期戏剧环境的统一进化规律。盖五珠也是在人手紧缺的背景下收了这个徒弟，但是拜师的时候，这位师父年纪已经大了，既然不是从小坐科，会的戏自然就不多。而新凤霞是经过杨金香严格训练过的“战士”，学戏能力约等于现在的神童级别，唱念做打学得飞快。几个回合下来，搞得票友师父有些蒙，自然要想些办法拖慢进度，留住这个免费“童工”，同时保住自己的面子。诚然，这种事情没办法当面对质，更何况是自己拜的师父，甚至面子上还要尊重，礼数尽到。所以尽管如此，新凤霞依然还是每天到师父家里、后台干活伺候，一声不吭，从没说过师父一句不是。

只是这位琴师把话说开了，别的后台演员又看这孩子小小年纪便懂得看破不说破，很快，新凤霞在后台累积的人缘就开始发挥作用了。于是又有高人出现指了明路，所谓拜师不如访友，耳朵、眼睛都别闲着，每天后台放开了听，放开了看。看台上的五光十色，学台上的唱念做打。学得八九不离十了，就唱给后台的演员们听，他们不会不管你。新凤霞像是打通了奇经八脉一般，泡在了后台。师父有戏她去，师父没戏她也去。干活的时候就用耳朵学戏，休息的时间就直勾勾地盯着舞台，别的演员休息，她就蹭过去，递上杯茶；看人家心情好就赶紧演上一段，在那段时间，几乎每个后台的演员都指点过新凤霞。

京剧、评剧、梆子、文明戏，各路神仙传授武功。一般来说，学得太杂容易走火入魔，可在新凤霞这里，竟能融会贯通，为她将来独创的唱腔打下了基础。也就是在此时，新凤霞的天赋得到了整个后台的认可。所有演员都有了默契，没有一个人告诉过她的师父，每天新凤霞都在以她自己的方式成长。

事情的转机发生在新凤霞唯一学会的《打狗劝夫》的丫鬟身上，那是不知当了多久丫鬟后的一次上场，新凤霞彼时已经偷学会了这一出里的“劝弟”，某天，也不知道谁借给她的勇气，新凤霞跟师父提出能否让她试试“劝弟”。这很自然地引起了师父的暴怒，“师父没教的你也会”并不是问题，但是明着告诉师父自己是自学，则是个问题，不仅告诉师父还自己“点菜”，这问题的后果可想而知。一场训徒大会劈头盖脸，总结有两点：第一，我没教，会也不能演；第二，你能耐大，我教不了。

这件事情更引来其他演员的同情，有位师大爷看不过眼了，他喝过新凤霞的茶，当然，整个后台谁又没喝过呢？每天，就这么瘦小的一个孩子，一手拎着茶壶，一手捧着碗，在后台逐一询问："大爷，您喝茶不？""师姐您喝茶。"孩子怎么了？不就想学点本事嘛！大家都是被穷逼得没办法，谁比谁高了多少呢？于是这位师大爷将新凤霞引荐给另一位评剧名角，也是新凤霞生命中的一位贵人，这位就是当时陪衬白玉霜演出的彩旦师父——邓砚臣。

邓砚臣艺名碧月珠，功底极好，会的戏也多，否则也不能给白玉霜做配角。他早就注意到新凤霞这个天生的好苗子，也就欣然开始指点新凤霞。新凤霞拜得这样的名师，在艺术上突飞猛进。邓砚臣对新凤霞要求极为严格，程度直逼开蒙老师杨金香，教下的戏也是结结实实。因为实在喜欢这个人才，邓砚臣对新凤霞是分文不取的，这在当时是一段极为难得的佳话。唯一可惜的是因为邓砚臣的徒弟众多，所以往往一个月才能轮上教新凤霞一次。

新凤霞依旧每天在后台自学，评剧、京剧、梆子、文明戏，听到什么学什么，而从经理（班主）的角度来说，倒没什么意见，缺个小角色或者哪位误场了，都让新凤霞救场，所以新凤霞上台的机会也越来越多。真应了现在的一句话，比你有天赋又比你勤奋的人是所向披靡的。

从评剧拜师到第一次站上舞台演主角，新凤霞只用了两年。那年，新凤霞未满十五周岁。功不唐捐，你对得起那块板子（舞台），那块板子（舞台）也会对得起你。

第二章 吉光凤羽

『我从小就是在戏班里混过来的，胆子大。叫我演什么我都敢上台，无论是丫鬟、彩女、小孩戏，或是画个三花脸，我都不怕。在后台可以随时看戏，也是我随时学戏的好机会。我对着镜子也唱，散了戏后脸对着墙也唱，因此有很多老师对我产生了同情心，看到我不对的地方就主动教我一两句，我就得到了帮助。』

——新凤霞《多听、多看、多学》

津门成角

良师的教导加上每天在后台的勤学苦练，新凤霞能出演的角色越来越多，这时候，因着一个契机，出了一件事。

某日上台，主角唱到一半忘了词，台上的其他演员若无其事，认真地“沉浸”在自己的角色中，只有琴师循环往复地拉着过门儿。新凤霞着急了，人一着急，就想表达。于是新凤霞在主角背后蚊子哼一样地给主角提词，主角反应过来，掩面而泣，把词找了回来。新凤霞心中欣喜，再怎么说也算是救了场呢！散戏后到后台，主角回身就是一个大嘴巴子，打得新凤霞满眼星辰。“在后面瞎念叨什么呢！搅戏呢你？！”“您忘词儿了，我给您提词啊，我没说错。”新凤霞晃了晃脑袋，像是要甩掉眼前的重影。“老娘那是在做戏，做戏都不懂。真不要脸，还给我提词。”新凤霞找回了焦距，站在主角跟前，攥紧了小拳头，小身板站得直直的。“你就是忘词了！我就是没说错！台上谁忘词谁不要脸！”新凤霞心里大喊，嘴里可没出声，只是咬了牙瞪着眼冲着主角运气。主角也有些心虚，背过脸冲着后台管事怒喝：“这谁带来的丫头！给我滚出去！死拧的种！”

初冬的夜晚，小雪花徐徐飘着，后台外面站着个小小的人儿，戏衣长得拖在地上，妆也没卸，偶尔抬起手用力擦去睫毛上的冰碴，小脸儿上写满了不服。这时，一道微光从背后投射过来，管事大爷过来拉着新凤霞的手：“走，回去吧，这会儿这么听话，傻不傻？”“她就是忘词了，她就是不认！欺负人！”新凤霞一手拉着管事大爷的手，一手撩起戏衣的下摆，摇摇晃晃地边走边说。“她是角儿，你不是。小凤儿啊，你该学乖点儿啦，不提词找不着你岔子，多学戏，少找气。”

天赋、努力以及机遇，有了前两者的加持，在关键时候是否能够抓住后者，则还需要些运气。

某天，后台，十四岁的新凤霞看似默默坐在角落里打毛线，实则俩耳朵早就“跑”到台口儿学戏去了。于是当经理汗津津的胖脸贴着她喘粗气的时候，新凤霞吓得如同惊弓之“猫”般蹿起，紧贴墙壁站好。眼神在逃避胖经理时，却发现好心的管事大爷也在盯着自己。二人就这么盯着新凤霞，对话大约如下：

“行不行啊？！”

“行，伺候角儿的琴师给小凤儿吊过（嗓子）。”

“刚叫半天她听都听不见！”

“她就这样儿，人在这儿，耳朵在台上呢！经理您先忙那位角儿的事，我给小凤儿说说。”

经理左右看了看两人，略一犹豫，圆滚滚地团身而去。管事大爷拉着新凤霞坐下，说起来就是有一个好消息和一个坏消息。坏消息是角儿找了男朋友，家人不同意。旧社会，名演员多被家里人看作“摇钱树”，这“摇钱树”自己找的人，家人多半都不同意。眼下“摇钱树”早已寻不见踪影，撂了台（演员罢演，甩手不干），但是票早就售罄，园子里的观众已然满坑满谷。这种艺术作品中经常出现的桥段一旦变为现实，对于戏班来说，往往是致命的。更何况在那个时代，弄不好观众就要砸园子，整个戏班的饭碗也就砸了。由此而来的好消息则是今天的戏，你新凤霞就是主角了！这是天大的运气到了！

管事大爷比较了解新凤霞的性格，从小坚毅，外柔内刚。先说坏消息再说好消息，有助于缓解新凤霞的心理压力，然而，没人能体会此时新凤霞的压力究竟有多大。穷人的孩子早当家，新凤霞的为人处世，有时候往往会让人忘了其实她还是个十四岁的孩子。最残酷的事实则是，天津这个曲艺之乡的观众，是最内行也是最不好伺候的观众，随便一个走街串巷的小贩的吆喝都有板有眼。所以稍有纰漏，被喊倒好是轻的。每一声倒好也绝对是有理有据，所以很多成名成角的演员一旦在天津被喊了倒好，栽了跟头，通常就绕道走，再没有打翻身仗的勇气。因为天津的观众还有一个习惯，如果你想着在哪儿跌倒了就在哪儿爬起来，那我们就成全你，加钱都来，加多少钱都来，就要听。全场黑压压地坐满了还鸦雀无声，就瞪着你，等着看你这个纰漏会不会再犯，挑战演员抗压能力的极限。所以天津的观众成了戏曲艺人的试金石，这个坎过去了，如雷的叫好声是对演员最大的肯定，因为那是真心觉得你好；你没过

《坐楼杀惜》剧照

去，那喊倒好也是真心的。

新凤霞顶着这样的压力却显得很平静，干脆地点头答应。或许是初生牛犊不怕虎，又或是学戏时受的苦和后台生活的经年磨炼，让她在这一瞬间有了非凡的勇气和底气。

舞台中央此时已经立着一块牌子：

《唐伯虎三笑点秋香》

由新凤霞扮演秋香

不愿看者请退票

没人退票，观众满坑满谷。

新凤霞坐在平时进都不敢进的主角化妆室，平静下来的她，心里有点儿犯怵。虽然已经演过春、夏、冬三香这三个配角，唯独主角秋香，她在舞台上的经验是零。自己的演艺生涯、戏班的生存压力，乃至大家的饭碗问题，都要押在这个“零”上。更不用说前台的观众乃至后台的闲人们，似乎都在等着看她的“戏”。

挑帘进来这一位，是撂台跑路那位主角的琴师。平时新凤霞经常给这位琴师家里洗洗衣服，做做针线活儿。琴师投桃报李，不忙或者主角不在的时候，经常给小凤儿吊嗓。新凤霞见了琴师，刚要站起来就被琴师制止。“小凤儿，我不知道你慌不慌，反正我不慌。”说着，琴师晃了晃手里的胡琴。“我给你把着，你好好化妆。”说完，琴师退了出去。

刚举起眉笔，管事大爷捧了秋香的戏衣进来。“好马配好鞍，我们俩都信你。”

新凤霞认得这是主角高级定制的戏衣，平时摸都摸不得的。人生的转折往往就是一瞬间的事。

两位前辈话不多，却让新凤霞心定了不少。新凤霞平素在后台积累的人缘，此刻成了她背后强大的支撑力。坐在镜前化妆的新凤霞，心中一遍遍地默着戏，“秋香”来得非常突然，如微风过，一丝凉意，穿过身体，醒了神儿。不仅仅是本班的秋香，其他班社的秋香，乃至别出戏花旦的唱念做功全都浮现在脑海中。手也越来越稳，天生左撇子的新凤霞习惯双手勾脸，脸上找模样，心中默戏。不一会儿妆成，新凤霞看了看自己的妆，长吁了口气，小凤儿走出化妆室，昏暗的后台变得安静，众人自动为她让出条路，新凤霞心中突然有种似乎被众人“送刑”的别样感受。

坐在上场门等候上场时，新凤霞心中又有了些紧张。如果观众喝倒彩呢？起哄捣乱呢？这时候说，我还小，我不去了。不知道行不行？管事的一声咳嗽，“上场了”，打断了她的思绪。

锣经起，后台的煤油灯、前台的汽灯通通点亮。此时的新凤霞缓缓站起，心中的杂音似乎全都消失了。“四香”同上，春香、夏香、冬香跟在老夫人左右，秋香走在最后扶着老夫人上车。新凤霞走到台中央，灯光火亮，锣经戛然而止。

“秋香。”新凤霞稳稳地报了姓名。台下出奇的静。紧接着，新凤霞唱出了她第一次身为主角的唱儿：“秋香我跪佛前暗中祷告。”台下的安静瞬间被叫好声炸开！

新凤霞摘得作为主角的第一声满堂彩！

散戏后，各方的祝贺如潮水涌来。经理夸赞之余，不忘安排接下来的演出任务。新凤霞尚未从初尝主角的喜悦中抽离，却也深知规矩：“主角回来还是她演吧？”经理破天荒只是冲着她笑：“你就先演，甭管她。”新凤霞觉得，经理突然变成了一个好人。

接下来的几天、十几天，主角都没有回来。《花为媒》《六月雪》《花田八错》《桃花扇》等，新凤霞得心应手，全都演了下来。至此，她在后台“偷”学的戏码，尚未演全，游刃有余。经理从好人变成了大好人，还出主意要新凤霞反串。于是新凤霞从秋香变成了唐伯虎，穿上了厚底靴，行当上又反串了老旦、老生、青衣……

戏红了，主角的家人来要钱，戏衣穿我们家的，总得给钱吧。新凤霞拍了拍脑袋，觉得这个要求也合理，毕竟自己眼下一件正经行头也没有。于是经理做主，从新凤霞的薪金里扣两成给主角家拿去花。

小凤儿站稳了脚跟，成了主角新凤霞。她和家里人终于能吃饱饭了。

辗转求生

成角儿能吃饱饭，可到底能不能吃饱饭还取决于时代的大环境。

新凤霞成角儿不久，中国进入了无比动荡的时期，日本侵华、国民党发动的内战轮番袭扰着祖国大地，生灵涂炭在所难免。戏曲、曲艺艺人是否能吃上饭是最没有人在意的问题。1937年天津被日寇占领，戏班在战争的冲击下，早已四散。战乱之下竟又发生了一件欺辱艺人的事件，新凤霞也受到牵连，被下了“驱逐令”。

戏班散班后，新凤霞在中华戏院演戏，得罪了烟土商人徐玉祥。徐玉祥先是连哄带骗，霸占了戏班主角花迎春。某天新凤霞正在台上跟她搭戏，突然有人冲上台直接暴打花迎春，领头的就是徐玉祥，徐玉祥打完人还不过瘾，拽着花迎春的头发像拖死尸一样将其拖到后台跪下，演出也停了。新凤霞赶紧由母亲护着逃离，跑回了家。其后徐玉祥又将花迎春送给他的后台老板——日伪宪兵队队长任小舟。再后来花迎春得了病，无法登台，在这种情况下，绰号“小神仙”的戏班老板逼迫新凤霞唱主角，明知可能有危险的新凤霞为了口饭也只能答应下来。果然没唱多久，这个“小神仙”就带了徐玉祥和任小舟一起来到后台。徐玉祥捻着花白的胡子，一脸和善地叫着新凤霞，新凤霞跟在母亲身后，不管徐玉祥软硬兼施，只是一直低着头不说话。徐玉祥推开其母，上下打量新凤霞，直截了当地耍起无赖：“新红起来的小角儿啊，让大爷看看你的脸蛋。”这种眼神和动作让新凤霞想起了自己的新二伯母，又想起了花迎春，她狠命地推开这个老色鬼，跑进了女厕所。徐玉祥冷笑着在门外大喊，似是说给所有人听：“你敢反了天，你不给徐大爷脸就是看不起宪兵队任大队长。我就是要动一动你这样敢斗的！”新凤霞死命抵着门，她觉得徐玉祥可能是个傻子，这个当口，天王老子来了她也不可能开门出去。徐玉祥跺脚放屁叫嚣了许久，围观的人越来越多，任小舟的脸色也变得越来越难看，徐玉祥只能罢手，赔着笑脸领着任小舟走了。

当天的戏还得唱，新凤霞硬着头皮上台，不出所料，很快台下骚动。喝骂、叫嚷声不绝，随后便是大打出手，碗碟齐飞。倏然飞上来一个茶碗，正中新凤霞的面门，眉骨处开了口，鲜血直流，双眼模糊。因为就医缝针，新凤霞休息了一阵子，自此眉眼间落下一个小疤痕。本想着事已至此便可告一段落，而且手停、口停也不是办法，于是她再度登台。不想徐玉祥和任小舟又得意扬扬地坐在台下看戏，戏散后又常跑来后台找麻烦，新凤霞是抵死不见。在无止境的骚扰不能得逞后，急眼的徐玉祥下了最后通牒：“要么来陪我和任大队长吃饭，要么在天津的这碗戏饭就别吃了。”

一周后，新凤霞一家被逼无奈，母亲带着她和两个妹妹，离开天津，外走他乡，搭班唱戏挣钱。父亲的身体状况不好，带了儿子和小妹留在家中。

山河破碎风飘絮，身世浮沉雨打萍。新凤霞真如同飘絮浮萍一般，艰难求生。戏班聚了散，散了聚，总算在山东青岛暂时安顿下来。那段岁月，新凤霞只记得港口有洋鬼子，城里有小鬼子，戏班有恶霸、财主，睡的是大通铺，枕的是布包的砖头。不管怎样，

能唱戏挣钱，能往家里寄钱，是她唯二的目标。只可惜，这样的愿望也没能够实现。战事严峻，财主散了班，火车也停运，母女四人被困青岛。

最艰难的时候摺过地，卖过啤酒。新凤霞也是为数不多成角儿后还拿得起放得下的主儿。数月后，新凤霞终于又回到了天津，虽然哪里都不太平，钱也没挣着，但至少又与家人团聚了。

闯江湖必须给人留口饭

日本投降前夕，舞台早已沦为上至富贵下至平民的发泄工具，战争的摧残导致所有看客都想在舞台上找到麻木后的一点刺激。于是，男扮女、女扮男，无论京剧、评剧都得猎奇。艺人为了吃饱饭，大杂烩、一赶三、双剧连演、大反串等等。但要说真有上座率的还是类似粉戏《纺棉花》《拿苍蝇》一类，挣得也多，很多剧院老板劝说新凤霞唱粉戏，都被她严词拒绝。

于是为了得个温饱，新凤霞在天津河东天宝大剧院，和老演员杨星星演出《拾黄金》。《拾黄金》内容是两名乞丐拾了一块金子，高兴得不得了，由此展开的对唱。除了唱自己剧种各唱段外，还要唱出其他各个剧种的名唱段来，恰如当今的串烧或者点唱机，把所有精彩的唱段放在一场表演。这都是财主想出的牟利方法，留两个演员唱一台戏，既节省成本，又能吸引看客。但这种形式对于演员的损耗极大，两人一场要唱三四个小时，而且有可能要加场。

某天，老大哥杨星星突然发高烧病倒了，只剩新凤霞一个人，那时候是不能回戏的，回了戏观众可以砸戏园子，更何况世道不太平，流窜的日本兵、国民党伤兵经常来闹场，正所谓“祸头子叫门，等着挨刀”。财主深谙新凤霞的性格，斜着眼说：“星星烧得说胡话，不能上台了，你说是回戏呀，还是怎么办？不行就散伙，都滚蛋。”那样的岁月是没有合同公平一说的，财主见事情不妙，是一分钟都不会多留的，包袱从后台扔出去走人，即时生效。

其实前两天的演出，财主已经看出新凤霞肚子里的货多，放在现在来说就是内容为王。眼下就是激将法，看看还能不能激出更多的可能性。新凤霞果然说：“行啊！人要逼到头了，是火也得爬上去，是海也得跳下去，我一人来！”她请财主为此拟了一块牌子：“新凤霞一人演，不看退票。”结果，观众没有退票，这里面有真心来听戏的，也有等着看笑话闹场子的。

新凤霞上台将多年所学的一身本领都使了出来，从戏曲到曲艺。学京韵大鼓刘宝全的《华容道》、白云鹏的《探晴雯》，王佩臣的醋溜大鼓《王二姐思夫》，马增芬的西河大鼓《绕口令》，乔清秀的河南坠子《张庭秀回杯记》，学京剧马连良的《借东风》《甘露寺》、言菊朋的《让徐州》、梅兰芳的《贵妃醉酒》、荀慧生的《红娘》、程砚秋的《锁麟囊》，学评剧名演员白玉霜的《玉堂春》《潘金莲》、刘翠霞的《劝爱宝》、爱莲君的《于公案》、花连芳的《马寡妇开店》，甚至加上了当时的流行歌曲……一个人唱了一台戏。那时也没有主持人，就靠“后台老板”，他们是唱零碎的张成和老师，还有唱彩旦的董瑞海先生，他们上去说几句话垫一下场。这一台戏观众是越看越热，最后向台上扔钱、红包，还真唱红了。

财主从中发现了新的商机。杨星星病好以后，也不让他上场，就贴出戏报，新凤霞单场。连着唱了几场，观众有增无减。新凤霞虽然体力消耗巨大，但也属于“人来疯”性格，表演欲极强，况且终于又能挣钱养家了。那时没有扩音设备，全靠一条肉嗓子贯满堂。接连数天下来，新凤霞钱挣下来了，也感受到了被观众认可的喜悦，只是心中总觉得有些别扭，到底别扭在哪里自己又说不清，这种别扭或来自自己的内心，又或来自最近后台各人的异样眼神。

就在此时文明戏名旦角“小侠影”张笑影，来后台找到新凤霞。他是杨星星的朋友，同辈演员。这位先生不吭气地看了两场新凤霞一人单唱的《拾黄金》：“凤霞，我讨个大，比你早唱几十年戏，吃戏饭早点儿。我不客气地告诉你吧，我是公子哥儿票友，爱戏，开始是清唱，那无所谓。后来下了海进戏班，我才懂了‘给人留饭’的道理。唱主角的要想着四梁八柱，要想着缺了一根梁柱子也要塌房啊！你这么小，一个人唱了，你想没有想过，后台还闲了一大堆人呀？吃饭想想洗碗的人，做菜的想想吃主儿，做好了木器要想想上油漆的人。唱主角儿要想想乐队，还有那些演配角的绿叶子，想想一般的演员，有了他们，你这朵花才能好看，才经得住照哇。你小小年纪一人唱了一个晚上，确实有功夫，不容易。凡事都要量力而行，你是戏曲演员，不是独唱演员，更不是单唱的曲艺，你量力不是就量你一个人，你要量量一班人的力，一个戏班有多少力呀！各种行当：生行、旦行……还有管戏衣包头的、打水的、扫地、打杂的……这些都是力呀，你都要量一量才能是当主角儿的材料了。”

新凤霞（1950 年）

听完张笑影先生一席话，新凤霞心中的别扭变成了愧疚。不给人留饭与断人生路无异。只是在当时的恶劣生存环境下，真能够做出决断，做正确的事的人，恐怕难得。被点醒的新凤霞当即去找前台经理，表示：杨星星好了，一同演；如不好，从此再不一人唱《拾黄金》。前后台同行说：“小凤儿这孩子得到高人指点了，她知道‘给人留饭’了。”张笑影先生看中新凤霞的仁义，主动为她排了《锯碗丁》《卖妻恨》《春阿氏》《蒸骨三验》《张文祥刺马》等从文明戏移植过来的剧目。

“给人留饭”这句话让新凤霞受益不小，因为这是为人为艺的德。这件事对新凤霞的触动很大，以至于在她后期出版的诸多著作中均有提及：

> 唱戏先得想到乐队。我小时因为嗓子好听，什么一学就会，连街上叫卖声我都喜欢听。唱戏要先请一位好琴师。我第一位琴师是评剧界当时最好的琴师张恺，原来是拉河北梆子板胡的，后来改拉评剧，给著名评剧演员刘翠霞拉板胡。刘翠霞去世以后，我就请张老师为我拉弦。张老师手音准、功夫深。他吹、打、拉、弹，乐队走一圈儿样样都好。他本来不会给我这小演员拉板胡的，因我师父张福堂是他的弟弟，我叫他师伯父。他给我拉板胡挣钱多，我贴补他三分之一，我挣的钱比他少。他给刘翠霞拉板胡戴的是金手套，拉板胡要戴手套。因为他是名琴师，脾气大，我虽是主演，也得尊重他，前后台也都尊重他。戏班里不养老，人老了被人看不起。但我对老人尊重，演员乐队跟我合作的，我请的都是老人，因为人人都有老，我是小主演请老人来合作，给我很大帮助，也传给了我很多艺术经验和做人的道理。比方我懂得了步步、事事要“给人留饭”，这是做人的德。所以当主演，重要

的是给人口饭吃，同时四梁八柱要办好，给人留饭，从艺如是，三百六十行皆如此。

演员并不只是自己在舞台上华彩闪耀，就能被称为艺术家。真正能够为人敬仰的其实是艺术家做人做艺的一种品德。因为当繁华褪去，个人艺术成就达到巅峰之后，艺术家的行为便会被放在显微镜下放大审视，其中的焦点便是艺德、人品，更是艺术家这三个字是否“保值”并且流传的关键。从演娃娃声甚至猫形、狗形开始，新凤霞一出声、一个道白、一句唱，她也当仁不让，这自然源于她幼时所受的打压、屈辱造就的逆反，更重要的是，她的人生信条就是要争气、唱戏，任何的辱骂、殴打、苦难都没有影响她的信条，所谓知行合一。

进京与凤鸣剧社

1949 年 1 月 15 日，天津解放，新凤霞动了进北京的念头。

戏曲演员是否真正被认可，是否真正大红大紫，一是进北京，二是去上海滩。没有在这两处地界站稳脚跟，终其一生也只是地方名角。新凤霞为什么选择进北京而不是上海滩，这或许与评剧在北方受众更为广泛有关。

新凤霞进京的第一站是孕育出无数名家的京城戏曲曲艺摇篮 —— 天桥。天桥原来确实有桥，大概修建于明代，坐落在北京的中轴线上，是每年皇帝前往天坛祭祀的必经之路，故称为“天桥”。天桥有桥又有水，周边景色优美、寺庙林立，彼时颇有江南之韵，因此吸引了大量游人和香客，各路摊贩行商也纷纷聚集于此，十分热闹。清雍正年间，为保证雨季安全，逐渐填平了大片水域，天桥变为荒地；清末继续对天桥周边进行整治，将天桥东面金鱼池流过来的龙须沟也填平了，桥从拱桥变成了矮桥；再至民国，为拓宽前门大街与永定门间的马路，天桥彻底被拆除，消失在人们的视野中，徒留地名。天桥虽然消失，百年间汇聚来的摊贩杂耍、曲艺戏园却更加蓬勃生发，全国各地的名角、名艺人纷至，没有了“桥”的天桥更加热闹。清末诗家易顺鼎写下“酒旗戏鼓天桥市，多少游人不忆家”，正是对天桥繁荣热闹的描述。著名学者齐如山在《天桥一览序》中述：“天桥者，因北平下级民众会合憩息之所也。入其中，而北平之社会风俗，一斑可见。”于是，地方名角进京搭班，几无例外地选择天桥作为起点，从天桥走出来的角儿才是真正的角儿。

北京的戏园子大致分为两类，以珠市口为界，分街南、街北。街南就是天桥一带，天桥戏园子一家挨着一家，有天乐戏院、小桃园戏院、万盛轩戏院、小小戏院、吉祥戏院等，天乐戏院是京剧戏院，小桃园、万盛轩是评剧戏院。街北是城里的大剧场，有中和戏院、广和剧场、长安大戏院等。街南、街北界线分明，演员一旦在天桥开唱，一时半会儿就无法在大剧场演出。

新凤霞在杨星星的陪同下，坐着火车由天津进了京，租住在天桥南头胡同里的一个小院子里，四间瓦房，后来陆续来人也同住在此处。新凤霞的铺盖卷还没打开，已经有人上门揽生意，劝说她去自己园子里唱戏，包括小桃园戏院和万盛轩戏院。新凤霞并未急着应下，而是先花了三天时间“逛”天桥。她随身带了小包干粮，看了三天戏，从城里的大剧场到棚搭的小园子，为的是知己知彼。

新凤霞最终选中的，是天桥评剧园子——万盛轩。天桥万盛轩，铁罩棚，烂泥墙，外边下雨、里边漏，外边雨停、里边滴。门口摆个大斗，听戏的往斗里扔一毛钱就进，只要憋得住，可以听一天，出去再进来又是一毛钱。戏台就是个土台子，台下摆了一排排的长凳。天桥戏园子的条件大都如此。新凤霞与杨星星商量，决定用评剧的基础“老八出”定场，“老八出”分别为《开店》《开谤》《花为媒》《打狗》《杜十娘》《桃花庵》《王少安赶船》《占花魁》。

当时的北京虽离平静的日子已然不远，但黎明前的黑暗更甚，流氓恶霸依然行事乖张，天桥的“传统”主子们该怎么霸凌还怎么霸凌，所幸新凤霞一行人是从战争岁月里炼出来的真金，对付起来这些人也算游刃有余，终归没出什么大纰漏。反而是京城唱戏的规矩与别处不同，地方上名角少，同行间相帮，大家同吃一碗饭；可京城是名角荟萃，各有各的山头儿，同行间相处的门道、规矩繁多，人情面也难吃。

诚如“小侠影”张笑影先生所说，唱戏讲求的是“四梁八柱”，单场的《拾黄金》是唱不久的。最好的四梁八柱都在城里的大剧场，但是大剧场的演员来天桥唱戏会被主演和全班认为是丢了人，所以要想请这些演员来配合自己，只能靠“人和”二字，也就是新凤霞的人缘。

随着解放战争的全面胜利，越来越多的评剧艺人扎根天桥。新凤霞的大师兄李福安在再雯社唱小生，他首先同意给师妹新凤霞赶包（指演员或全班在甲剧场演完后，赶往乙剧场演出）唱戏，也就是白天在天桥唱戏，晚上赶回再雯社演出，保证两头儿不耽误。后来，包括席宝昆、魏荣元、王杜芳、陈少舫等在内的评剧名家竞相来支持，都想捧一捧这位相识多年的小师妹。有一次新凤霞还跟小白玉霜碰了戏，城里中和戏院马上要演《玉堂春》，天桥万盛轩刚下《玉堂春》。李福安先生先在天桥戏散，妆都不用卸，戴上瓜皮帽向下一拉遮了半张脸，一个箭步跳上电车，到了中和戏院后台，咬口干粮接着扮戏上场！好一位大师兄！好一位最帅的小生！

找好了四梁八柱，琴师也是急需解决的问题，主角唱好戏，全靠琴师、打鼓佬，既然进了京，更要找一位一流的琴师。当时北京评剧界第一流的琴师有两位，一位是焦景俊，另一位是杨殿真。焦景俊先生早年是白玉霜的琴师，彼时给小白玉霜操琴。李福安先生赶包还好说，毕竟不是每天，而且两头儿没耽误事儿。可琴师是要跟随的，若请了焦景俊先生操琴，诚如拆小白玉霜的台，新凤霞与小白玉霜旧交甚密，所以只能放下念头。杨殿真先生此时正从外地回京休息，聘他正是好机会。杨殿真又是忠厚之人，也是老北京，两下一说，这琴师也算定下了。二人初合作，杨殿真给新凤霞吊嗓，每每都是夸赞且用词精简，这也是老北京的习惯，尤其是"行""没问题"。夸得多了，新凤霞反而心里发毛，于是也终于忍不住问："大哥，请您来给吊嗓子，就是想请您来挑刺儿。您是老北京，知道北京唱戏的情况，您看我来北京行吗？""行！"杨殿真还是一个字，没旁的话。

前面说过天桥万盛轩同其他戏园子一样，条件并不好。新凤霞带着一流的四梁八柱和一流的琴师走进了天桥万盛轩，这岂不是现在说的"降维打击"？天桥四处贴满了新凤霞的海报，万盛轩门口贴了红底金字的大海报"评剧新星新凤霞"。连续三天《三笑点秋香》《锁麟囊》《孔雀东南飞》，新凤霞在天桥一炮而红！天桥头牌名角京剧老生梁一鸣连着在台下坐了三天，捧场的观众还有富连成名丑叶盛章和小生叶盛兰两位先生。

新凤霞在天桥成了大角，也顺应形势成立了剧社——凤鸣剧社。

大剧场和小园子的规矩冲突，也冲击了新凤霞在万盛轩的演出。有一次演出《玉堂春》，李福安的小生、魏荣元的蓝袍、王度芳的崇公道，一齐没到。究其原因还是大剧场的班主知道这些人来天桥跟新凤霞赶包唱戏，下了最后通牒。各有各的难处，新凤霞也没有过多为难，但赌气的话也是说了几句的："来不来的我不勉强，影响不了我万盛轩的观众，抬头不见低头见，这个台分了，那个台又合了，不要为难。”话虽如此，新凤霞的心也难免还有些痒，真正的角儿谁又不想站到更大的舞台之上呢？

那时政府机关单位经常组织包场，新凤霞在吉祥戏院和长安大戏院参演了两场《锁麟囊》，有些剧场职工就站在走道边看戏边聊天，有些话传到了新凤霞耳中。“演员有没有号召力，看有多少咱们自己人来看，就知道响不响。”“包场不是卖票，单凭卖票，新凤霞不好说。”新凤霞平生最不能被激将，属于一激即中。这两句话激得她从胸腔痒到喉咙管。“你要这么说的话，那我们就要在大剧场舞台见一见了。”这是她的想法，但实际执行起来是很有难度的。那时很多大剧场都是私人开的，对于没有把握的仗他们不打，守着已经能确保利润的角儿更保险。

新凤霞自然是不信这些的。从春节始，天桥演日场，新凤霞觉得这是个好机会，春节热闹，剧场也是旺季，趁此机会，她向班主提出去长安大戏院演晚场，万盛轩经理自然喜出望外，这是往兜里送钱的事啊！于是赶紧去联系，不出所料，长安大戏院给出的回复是：天桥的演员来城里，怕卖不出票，没有把握。

新凤霞平生除了不能被激将之外还有一点，那就是自尊心极强。既然如此，你不找我，那我也绝不找你。戏班有云：一赶三不买，一赶三不卖。挺进街北的计划暂且搁置。

新凤霞还是每天在天桥演出，还加了周日的早场，忙起来也就忘了这回事。可巧有一天，又逢机关单位组织晚会，观众来者自愿。由于人数众多加上有领导出席，出于安全考虑，指定要求新凤霞来城里剧场演出，登出广告不久，票即告罄，新凤霞出场就是一个“挑帘红”。

从商的人，谁跟钱有仇呢？城里的剧院立刻纷纷来请，特别是珠市口的民主剧场和粮食店街的中和剧场，只要贴出凤鸣剧社，立即客满。纵使如此，新凤霞并没有就此离开天桥，她依然是每天日场在天桥万盛轩，晚场跑城里各大剧院，星期日又是万盛轩加演日场。她有了凤鸣剧社，要给所有人留口饭。

天下无不散之宴席

新凤霞每天日场在天桥万盛轩，晚场跑城里各大剧院，星期日又是万盛轩加演日场。如此繁重的演出任务，使新凤霞落下了咳嗽的毛病。每天下午四五点钟症状最为明显，先是双腮泛红，随后伴随剧烈的咳嗽，也是奇怪，半个小时后，症状减轻，也影响不了演出。其实，新凤霞的身体此时已经发出了求救信号，只是从旧社会跑江湖过来的新凤霞并没有往心里去，从来有点不舒服，就是靠自身身体素质，所谓扛一扛就过去了。

这天晚上，还是演出《刘巧儿团圆》，新凤霞在舞台上吐了血，当时用手绢一抹一带就过去了。下了戏，同事递来热水和毛巾，新凤霞喝了口温水，顿时觉得嗓子一痒，一口血吐在毛巾上，接着浑身发软。这回新凤霞知道，不去医院是不行了。医生给出的诊断是浸润性肺结核初期，必须马上休息，静养治疗。这对于全团来说都是一个坏消息，新凤霞的剧团是自负盈亏的集体所有制剧团，没有政府帮扶补贴。挑大梁的新凤霞停戏，就意味着全团都要停戏。剧团里弥漫着愁云惨雾，但是，没有人有办法。

彼时新凤霞刚与吴祖光结婚不久，听闻她病倒的消息，吴祖光的朋友们也纷纷来探望。其中之一就有吴祖光的老朋友、剧作家宋之的，宋之的的另一个身份是原中国人民解放军总政治部文化部文艺处处长，他出了一个主意："新凤霞，你愿不愿意参军？"由于总政文工团正要成立戏曲剧团，那么不如直接把新凤霞的剧团吸收改编，成为总政文工团的评剧团，这样至少可以解决全团的基本生活问题，新凤霞的病也可以得到公费医疗，解决停戏就停口的问题。听到这个消息，新凤霞是喜出望外的，一个旧社会底层的民间艺人，能够成为中国人民解放军的一员，这对于新凤霞来说是莫大的荣耀。在得到新凤霞确切的回答后，由宋之的同志上报，原中国人民解放军总政治部主任萧华同志亲自批准了新凤霞同志参军。新凤霞拖着病体，将这个天大的好消息带给了全团的每一个人，可是，令新凤霞万万没想到的是，现场却是一片沉默。无论新凤霞如何说服，几乎全团所有人，都拒绝入伍。

新中国成立初期，这些从旧社会过来的艺人依然对战火留下的阴影十分恐惧，“好男不当兵”的思想是根深蒂固的，从他们的角度只会觉得“新凤霞疯了，竟然参军，自己参军就算了，还要拉上我们”。人各有志，总是不能勉强。这一班合作了十几年的老伙计，还是分道扬镳了。最终愿意跟随新凤霞的只有三个人，小生张德福、老生于少海，还有长年给新凤霞梳头的“跟包”张洪山。最让新凤霞受打击的是乐队，乐队和演员是不能分家的，新凤霞的乐队一个跟过来的都没有。

参军之后，新凤霞的医疗条件得到改善，住进了协和医院，身体也开始恢复。但最大的问题还是无法演出，四个人怎么演出呢？1951 年，总政的工作人员便帮着新凤霞一起开始在全国物色人才，成立了新的班底。可是新班底意味着所有合作也要重新开始，从演员到乐队都得重新互相适应，对于新凤霞来说，这又是一个从无到有的过程。所幸，新凤霞的艺术道路总能在转角遇到贵人，在这一时期，新凤霞遇到了她艺术生涯后半程的最佳搭档和闺蜜 —— 赵丽蓉。

《刘巧儿》剧照（新凤霞与赵丽蓉）

赵丽蓉从出生就被评剧名角芙蓉花抱上了舞台，观众也很喜欢这个只笑不哭的胖娃娃。幼年，因家境殷实，赵丽蓉得以上学堂，只是老师考她学问，她却给老师唱评剧，三两天下来，她和老师都受不了，于是退了学。再后来，父亲做生意被骗，家道中落，赵丽蓉为了养家，专业唱起了评剧。和新凤霞一样，赵丽蓉也是十五岁就成了班社里的主角。

赵丽蓉邂逅新凤霞，是她的哥哥赵连喜牵线。赵丽蓉的丈夫则是吴祖光的同学盛强，由新凤霞牵线。新凤霞与赵丽蓉的双剑合璧，可以说是相映生辉。拍摄《刘巧儿》时，新凤霞曾说赵丽蓉必须得跟她一起。《刘巧儿》里李大婶一角，原本是个男性角色，由于新凤霞强烈要求由赵丽蓉扮演，便改成了李大婶。《花为媒》中张五可和阮妈妈的搭配更是经典之作。

两人这一合作，就是四十年。

从《刘巧儿》到《花为媒》

这天的万盛轩日场，狭小的后台，新凤霞正忙着默戏、化妆。杨星星给新凤霞送来一个说唱本，说是北京市妇联主席张晓梅委托他转交的，请新凤霞看看能否改编为评剧。张晓梅是新凤霞的戏迷，从某次单位晚会后就一直追着新凤霞的演出观看，她交给新凤霞的这本现代故事说唱本，说的是一段发生在边区的真人真事，男女主人公均有原型。

刘巧儿的原型叫封芝琴，1924 年出生于甘肃省华池县城壕乡转嘴子村樊坪庄。封芝琴的家庭背景复杂，幼年时即被其父与他人定下娃娃亲，但随着年龄的增长，封芝琴对这段婚姻产生了反抗心理。在一次偶然的机会中，她遇到了真爱张柏，两人迅速坠入爱河并决定共同生活。这段自由的恋爱不出意料地遭到封芝琴父亲的强烈反对。最终，年轻的封芝琴通过法律途径维护了自己的婚姻自主权，展现了坚定的态度和对自由的执着追求。

新凤霞拿到说唱本，心情也有些异样。同为女性，这样的故事每天都在台上、台下发生，甚至作为她自己，同样有话要说。评剧改编最大的优势是平民化、生活化的表达形式，正适合作为此类现实题材的载体。新凤霞迅速找齐主创人员，连夜搞出了分场提纲，很快就把戏排了出来。当时评剧有很多剧目脱胎于一种被称为“提纲戏”或“幕表戏”的形式，提纲、幕表可以理解为现在的分场大纲，而所有的唱词念白都是演员上台现编，锣鼓点、曲牌则凭借演员与乐队的多年默契，互相配合完成整场演出。这样的编创方式虽然粗糙，但胜在成形快，效率高。很快剧目推出，获得了极大成功。

《刘巧儿》剧照

这就是后来火遍大江南北的著名评剧剧目《刘巧儿》的诞生过程。彼时在天桥演出，叫作《刘巧儿团圆》（改编自袁静创作的秦腔剧本《刘巧儿告状》及韩起祥创编的陕北说书《刘巧儿团圆》），随后又被拍成了故事片《刘巧儿》，风行全国，全国上下刮起一阵“刘巧儿旋风”。刘巧儿的故事因其勇敢追求个人幸福的特质而广为人知，刘巧儿也成为文艺作品中的经典形象。

有一次新凤霞应邀前往中南海演出《刘巧儿》，幕启，新凤霞坐在土炕上纺线，所有观众，包括毛主席、周总理全体起立鼓掌，这一下把新凤霞弄得不知所措，坐着不动就能得彩吗？新凤霞心绪一乱，忘了词，前一段全靠哼唱，咬着后槽牙糊弄了过去。散戏后得知，大家起立的原因是新凤霞身后舞美背景的延安窑洞，那是中国共产党的情感标志。毛主席亲切地询问新凤霞：“戏演得很好，但是你一开始唱的，我没听懂。”周总理则说：“凤霞，你其实不会纺线吧？”朱总司令说：“周总理在延安，是纺线高手。”

台下的新凤霞和封芝琴保持了长期的书信往来，“文化大革命”时期，两人的丈夫均遭到不同程度的迫害，两人也通过书信相互排解。1986 年 3 月，坐着轮椅的新凤霞和封芝琴夫妇见了面，封芝琴给新凤霞带来了胶东地区特产。1994 年，新凤霞和封芝琴

《刘巧儿》剧照

再度相会，分别后，新凤霞回想与封芝琴的情谊，提笔作画，画了两朵“老来红”寄送给她。这幅作品现藏于封芝琴纪念室。

1963年，吴祖光、新凤霞贤伉俪创作了《花为媒》这一脍炙人口的经典作品。评剧《花为媒》其实是一出老戏，是当年评剧鼻祖程兆才先生笔下最流行的一出戏，《花为媒》是依据《聊斋·寄生》故事编写的，早期的《花为媒》有一个

《刘巧儿》剧照

卖点，即主演本人都是一双小脚，因此，唱《花为媒》“看看头、看看脚”时，真把小脚伸出来。筹备《花为媒》剧组期间，导演方荧受邀编排《花为媒》，在看了老版演出之后，他明言，目前的剧本已极度不合时宜，台词庸俗，无法搬上银幕。急需一名编剧对剧本进行改编，而且必须手快。既然决定了新凤霞为主演，那么编剧又有谁比吴祖光更适合呢？于吴祖光而言，既然是妻子主演，他又怎能不鼎力相助呢？于是吴祖光七天改成新版《花为媒》剧本，导演通过，同年即完成摄录工作。但由于各种原因，当时电影《花为媒》未能在中国内地公开上映，但在新加坡、美国和中国香港、澳门等地掀起了观影热潮。

戏曲电影《花为媒》使新凤霞达到艺术巅峰，也成就了著名评剧、小品表演艺术家赵丽蓉。新凤霞也由此完成了从演员到表演艺术家，再到评剧开山立派宗师的蜕变，全国各地的女演员纷纷向新凤霞拜师学艺。评剧新派艺术得到了空前的发扬与传播，新派艺术进入黄金时期。新凤霞的艺术可以形成新派是了不起的成就。成家已非易事，形成流派就更难了。所谓成家是观众对艺术家本人的肯定，成派则是业内承认你的艺术成就，并且学习研究你的艺术。能够在众多的评剧流派中标新立异，独树一帜，成为评剧革新的代表，这得益于新凤霞在戏曲艺术上的天分和领悟力以及深厚的艺术功底，更得益于她因对新社会的热爱而焕发出的艺术创作力。新凤霞在艺术上从不保守，她敢于吸收，敢于创新，博采姊妹剧种表演之长，虚心学习各种唱法，经过长期的艺术实践，积累了丰富的演唱经验，逐渐形成独具特色的新派唱腔，尤以流利的花腔疙瘩音著称，从而将新派艺术推向了高峰。

艺尽人缘散

新中国成立后，新凤霞来到北京天桥万盛轩唱戏。北京的剧院多且分等级，新凤霞所在的万盛轩是小戏园，后来新凤霞打出名号，终于第一次站上了长安大戏院的舞台。为了打响自己在大戏院的名号，新凤霞在一次演出中，将“疙瘩腔”用到了极致，观众掌声如雷，久久不息。

散戏后，新凤霞走出剧场，一名扫地的场务跟她问好。新凤霞马上意识到自己有些得意忘形，平常都是她主动和剧院场务打招呼，今天走出来竟然没看见人家，于是带着歉意跟人聊天：“给您道辛苦！您觉得我今天演得怎么样？”场务赞叹：“您的疙瘩腔真是绝了！”新凤霞刚要表示感谢，场务紧跟着来了一句：“就是用得太多了，再好的东西也不能这么卖啊，您知道的，咱这行，艺尽人缘散哪！”新凤霞猛地被点醒，这是真的得意忘形了。于是她恭敬地给对方鞠了一躬：“谢谢您的提醒，我这辈子也忘不了您这句话。”场务笑了笑：“我也是瞎说，您平时对我们这些人都挺随和，要换一个人我也不能多这句嘴。”

“艺升人缘厚，艺降人缘稀，艺尽人缘散”，如果不是这个场务的“多嘴”，新凤霞不定哪天才能反应过来。这让她想起在旧社会卖糖葫芦的父亲跟她说过，店里新聘的伙计进门先吃糖葫芦，不吃走人，吃一天糖葫芦下来，胃酸得想吐，这才能当学徒“穿木头裙子”（站柜台）。再好的菜总有吃吐的时候，唱戏也一样，“一招鲜”不是天天鲜，也不是次次鲜。一旦与观众的缘散了，那便没有后悔药可吃了。

此后，新凤霞给自己立下规矩：一戏一招，戏戏有特色，戏戏不重复。

第三章——凤凰于飞

『一个人的终身大事是可遇不可求的，但我觉得基础很重要。基础如盖楼一样，根基打好楼房就无风险。一个人也是这样，从小打好基础就能经得起风雨。』

『我和祖光近五十年的夫妻生活，坎坎坷坷走过来真艰难呀，要说我们两个共同点不少，可是个性和生长环境都有很大的不同。但我们基础好，几十年了，遇到多少风暴雷雨都没有动摇我们。』

——新凤霞《老舍先生为我和祖光做媒》

新凤霞与吴祖光

舞台上的刘巧儿自己争取婚姻自由，台下的新凤霞也做到了这一点。刘巧儿这个角色对正值妙龄的新凤霞影响很大，刘巧儿对爱情的追求也寄托了新凤霞对爱情的憧憬。那一句“学文化，这一对模范夫妻立业成家”，新凤霞唱出了刘巧儿的心声，也唱出了自己的心声。此时红极一时的新凤霞对心目中的另一半有了一个要求，这一次她也要自己找个婆家。

还是那个天桥，新凤霞在早点摊上正喝着豆汁儿，迎面走过来两个人，新凤霞认出其中之一是《小二黑结婚》的作者赵树理，万盛轩正在演出改编自《小二黑结婚》的评剧作品。另一位戴着眼镜，拄着拐棍的正是著名作家老舍先生。二人落座与新凤霞一起吃早点。赵树理介绍了老舍先生与新凤霞认识。赵树理笑着说：“我们来看戏，这是老舍先生。”“我们来看你的戏。这不还早嘛，我们也来喝豆汁儿。”老舍先生一口地道的京白。热腾腾的清晨，一个俏丽的姑娘，两位半大老头儿坐在烟雾缭绕的早点摊的木头椅上，

吴祖光、新凤霞夫妇

一根拐棍搭在油香油香的老桌旁。三人一拐，嘬着豆汁儿，聊着戏。

散戏后，老舍先生拄着拐棍去了后台找新凤霞，二人由此结缘。自此以后，老舍先生与新凤霞便成了忘年交，二人一起“东边”找过驴，“西边”抓小偷。友情日渐深厚，新凤霞自述与老舍先生说话就像与亲人一样，不用藏着掖着。而此时一位叫作吴祖光的青年编导也应周恩来总理的电报特邀，从香港飞回了北京。

这天，两人又一起在早点摊喝豆汁儿，新凤霞嘬着豆汁儿，有些闷闷不乐。老舍先生看了新凤霞一眼：“琢磨什么呢，都写脸上了。”“都写脸上了，您还问……”新凤霞嘟囔着。《刘巧儿团圆》大火，又逢宣传《中华人民共和国婚姻法》，新凤霞的婚事突然间变成了全北京城关心的问题。单是她的直属领导李伯钊大姐就为她物色了不少对象，其中不乏优秀的军政干部。可这些人跟新凤霞心底的择偶标准简直毫无关系，拒绝对方的方式也是简单有效，不论年龄，一律喊对方“叔叔”。辈分上去了，缘分自然也就没了。当然，大家都是好意，但这种好意都是从自我意识出发的好意。因为领导从没有问过新凤霞一个关键问题：“你喜欢什么样的？”

“你喜欢什么样的？有什么条件？”嘬着豆汁儿的老舍先生问道。新凤霞歪着头，想了想：“有！可也没有……首先人得好！丑俊什么的，看长了都好看，心好是真的，最重要的是得有文化吧。”新凤霞对着老舍先生总是毫无保留，一口气说了好多。老舍先生认真地边喝边听，放下碗，雾腾腾的镜片后，眼珠转了转，开始给新凤霞报他手里单身人选的名字，爷俩儿就这么你一句我一句，报到“吴祖光”名字的时候，新凤霞脱口而出：“吴祖光不是一老头儿吗？”

如此笃定的态度，把老舍先生也弄得一愣，甚至自己都开始怀疑起吴祖光到底是不是吴祖光："吴祖光是老头儿吗？""要不就是爷叔辈的，我还演过他的《风雪夜归人》哪！"老舍先生这下更懵了："《风雪夜归人》是话剧，也不是戏曲本儿啊！""是戏曲本，跟您说我演过哪！"老舍先生此时仿佛置身于平行世界一般，本着长者持重的原则，他摸了摸身旁的拐棍："来，你说说到底怎么回事。"

1946年，日本投降后，天津旧租界的北洋大戏院驻扎着一批话剧名角，有团长唐槐秋、吕玉堃、上官云珠等。这些演员常去劝业场的天乐园、小广寒戏园看戏，于是结识了新凤霞。当时文明戏兴盛，新凤霞也演出了不少文明戏剧目。某天，唐槐秋找到新凤霞并交给她一个本子，正是《风雪夜归人》。由于国民党政府审查，明言该剧本辱骂国民政府，故已经被打回来并严禁上演（《风雪夜归人》之前在重庆首演时已被当局关注并叫停），就连清华大学、南开大学的学生演出也被民国时期天津市政府严密监视。但是唐槐秋可惜这个本子，而且他认为评剧的目标没那么大，不至于被针对，所以还是希望新凤霞的班底可以接手，由他来帮助排练演出。新凤霞等人将剧本改为提纲戏，由唐槐秋指导排练，准备上演。国民大戏院的老板居然也很支持，他在天津有些势力，且觉得这样的本子改成评剧很有噱头，可以挣钱，甚至将家里的家具借出来作为道具，包括戏的服装也由他家里人出借。

果然，《风雪夜归人》上演后，十分轰动，虽然不久又被民国时期天津市政府审查，好歹也演了几十场，新凤霞还因剧中角色玉春，小小地火了一把。所以在那个时候，新凤霞就已经对吴祖光有了印象，对他从心底里很尊重，她觉得能写出这样剧本的人至少是该被称为叔叔的。此外，新凤霞还很爱看电影，比如蔡楚生、史东山还有吴祖光的《莫负青春》，所以她认为这几个编剧导演应该都是一个年龄层。

吴祖光、新凤霞夫妇

“我还老在演出中加唱吴祖光先生的《莫负青春》，可受观众欢迎了，我给您唱一个吧。”新凤霞兴奋地站起来：“山南山北都是赵家庄，赵家庄有一个好姑娘，要问那姑娘长得怎么样，你去问庄南庄北的少年郎。”老舍先生微笑地看着新凤霞边唱边舞：“好了，你可以了，吴祖光就是个少年郎！是你误会了。”新凤霞停下唱，不可置信地看着老舍先生，老舍先生示意新凤霞先坐下，然后简单介绍了吴祖光的情况，当听到吴祖光十九岁就已经写出抗战话剧《凤凰城》时，新凤霞的不敢置信和崇拜之情已经写满双眼。

《风雪夜归人》完成时，吴祖光也不过二十六岁。那时吴祖光在国立戏专（今中央戏剧学院）任教，与曹禺先生是同事兼好友，曹禺鼓励吴祖光写些什么，于是二十六岁的吴祖光一挥而就《风雪夜归人》。该剧在重庆“雾季公演”*大受欢迎，场场爆满，尤

* 抗日战争时期的重庆，由于日军狂轰滥炸，每年很长一段时间都无法演出。而重庆每年10月至次年5月为雾季，这期间，因经常大雾弥漫，不利空袭，重庆文艺界遂利用此段时间，举行大规模的演出，史称“雾季公演”。1941年10月至1942年5月，为重庆首届“雾季公演”。此后，至1945年，重庆“雾季公演”在日军轰炸的间隙中坚持了四届。“雾季公演”创造了重庆话剧运动，也是中国话剧史上的黄金时代。

其是资深话剧爱好者周恩来总理，曾经七看话剧《风雪夜归人》，并提出修改意见。

“所以，吴祖光是个干戏剧的，是个作家，也是年轻人，少年郎，我们在重庆就认识啦。”老舍先生做完总结，扶了下眼镜。“作家是做什么的呢？”新凤霞对着老舍先生好奇地发问。“作文章，写剧本，做很多事。”新凤霞还要问，被老舍先生打断：“哪天我介绍你们认识，你自己问他吧。”“好好的年轻人，叫什么吴祖光呀……我以为他是祖字辈的。”新凤霞小声嘟囔着。

那段时间，新凤霞便每天盼望着老舍先生来天桥遛弯散步，见了面说不了几句，总能拐到吴祖光身上。在北京饭店，新凤霞与老舍先生一同参加由周恩来总理举办的招待文艺界人士餐会，会上，新凤霞又听到了吴祖光的名字，这次是从周总理口中说出来的：“吴祖光回来没有？”夏衍答：“已经回来了。”爱情的种子已悄然埋下，新凤霞只期待何时能与吴祖光见面。

北京市文艺处开座谈会，在北京东城霞公府文艺处楼上的会议室召开，会场坐满了专家学者。新凤霞溜边儿挑了个最不起眼的位置，唱戏她是当仁不让的主角，但是开会发言，她却因为受文化水平限制，对发言“过敏”，不能言语，症状为犯困。

一个年轻人的发言引起了她的注意。这个年轻人个头不高，浓眉大眼，白白净净，鼻梁很高，满头黑发带着微卷，身穿浅灰色列宁装，声音洪亮好听，语言风趣幽默，标准的北京话，干脆爽快。专家学者们也不时对他的发言报以掌声、笑声，沉闷的会场瞬间活跃起来。这个人可不就是吴祖光同志了。

新凤霞不止一次地想象过吴祖光的样子，即使在老舍先生不厌其烦地反复说明后，她还是觉得那个形象很模糊。直到此时看到本尊，在舞台上闪耀华彩的新凤霞脸“腾”得像火烧一样，这不就是她一直要找的人！ 有那么一瞬，她觉得一切都对上了。

老舍先生微微侧身，顺着新凤霞的视线看去，隔着几米远，余光都能感受到新凤霞目光的热烈。会场休息，与会者各自散开自由活动，吴祖光没有出去，老舍先生上前跟他说了些什么，两人便一道向新凤霞走来，老舍先生给二人介绍过后，新凤霞很高兴地跟吴祖光握手：“您好，我还以为您是老头了，那就应当叫叔叔了，现在，我不叫了。”吴祖光并不理解其中含义，老舍先生是心中有数了：“凤霞，看来我这个事，应该是办得不错的。”新凤霞有些不好意思地低头坐下，没想到吴祖光也半蹲在她身边，跟她聊天。这个举动让新凤霞很意外，平易近人没架子，她又对吴祖光添了几分好感。

于是新凤霞主动邀请吴祖光看戏，那时的专家学者看完戏总会到后台跟演员探讨几句。唯独吴祖光，从来不去后台。多年之后新凤霞曾问起吴祖光这个问题，吴祖光回答：“我是个资深戏迷，也票过戏，我最知道演员散戏后已经很疲惫了，巴不得早点卸妆回家休息，何必要耽误人家时间呢。”可这样一来，介绍是介绍了，认识也认识了，只是总不得见，关系又如何推进呢？新凤霞跟家里照顾她的二姨商量，二姨的意思是直接带话给他，这在新凤霞看来属于“问了等于白问”，哪有姑娘家主动到这个份儿上的。同时，自卑感也是一大问题，吴祖光出身于书香门第，又是大作家、大导演；她是一个从旧社会走过来的民间艺人，这么主动会显得自己太过轻浮。

这天，记者徐琮、老沙又来给新凤霞照相，新凤霞想了一个主意，她找气口儿说起帮忙找对象的事，条件规定得很有特色：

必须有学问，而且会写文章，还得会写剧本，能写话剧、戏曲、电影本，还得会当导演，不能摆架子欺负人。年龄嘛，得是三十岁。两个老记者面面相觑，均感到这些条件也过于具体了。

不久，“新凤霞择偶条件很具体”这件事被当作笑话，传得圈里都知道了，唯独吴祖光好像还是不知道。吴祖光还是会来看戏，有时甚至买票请圈内人一起来捧场，结果新凤霞在后台结识了戏曲评论、电影界的吴祖光的朋友们——蔡楚生、史东山、夏衍等，但是就不见吴祖光本人的身影。日子一久，新凤霞也怀疑吴祖光是不是有点滑头，揣着明白装糊涂。这天，大众剧场经理盛强——同时也是吴祖光的同学——给新凤霞带来话，说吴祖光约吃饭，新凤霞很兴奋，只是一听缘由，兴趣减了一半。原来是《新观察》跟吴祖光约稿采访评剧新星新凤霞，这不还是公事嘛，不过能见到吴祖光总是好的，万一他也是因公而有私心呢？真得当面问问他是怎么想的。

饭局约在泰丰楼，盛强带了新凤霞同去，到了包间坐下一聊，果然真的是公事。基本上一句闲话没有，就是单纯的吴祖光采访新凤霞并认真做了笔记。新凤霞只夸了吴祖光一句嗓子好，吴祖光便详细讲述了他票戏的经过，而且态度认真，毫无敷衍。两人在泰丰楼门口道别，新凤霞注视着吴祖光的背影，目送他离开，相信了眼前的这个人是真的“书呆子”。

危机往往伴随着转机，不久，全国召开青联代表大会，大会指定新凤霞发言，通知得很急。这时新凤霞还处于目不识丁的阶段，别说发言了，急得要发病才是真的。“吴祖光”三个字闪现于脑海中，新凤霞站起身就冲出家门，把正端水果出来的二姨吓一跳。撒开腿跑到公用电话那里，新凤霞抄起电话拨通了烂熟于心的号码，电话那头刚接起来，新凤霞便自报家门："我是新凤霞！"对方一愣，随后接道："我是吴祖光。""我有急事，我不认识路，找不了您，您能来我家一趟吗？""那，那我现在就故……过去吧。"吴祖光吓得嘴都瓢了。"好！我等你！""啪"的一声将电话放下，新凤霞的心还跳得厉害，这种没头没脑、单刀直入的对话，是很值得载入恋爱手册的。新凤霞扭头就走，突然想到没给钱，转头掏钱的时候，才发现守电话的大妈正笑眯眯地看着自己："你就是新凤霞呀，我说看着眼熟呢。"新凤霞此刻是没有半点想寒暄的心情，点点头，放下钱，又一溜烟儿地跑回了家。

吴祖光、新凤霞夫妇（1963年）

回到家中，新凤霞站起来又坐下，一会儿去园子里剪下一把芍药花，把家里所有的瓶瓶罐罐，只要敞口的都插满，茶缸子也不放过。一会儿又点了一支玉兰香，没平静一会儿，又给捣鼓灭了，然后又点上。香烟、火柴拿出来，又放回去，又拿出来。家里照顾她的二姨像看病人一样看着新凤霞，也不敢问，只是能看出来一会儿应该是有贵客到，所以转身去了厨房泡茶。

吴祖光这头儿又是另外一番景象。他此时借住在《新民报》报社宿舍，院里住着好友黄苗子、郁风夫妇，二楼还有音乐家盛家伦。黄苗子夫妇看到吴祖光火急火燎的样子，忙问："祖光，这是出什么事了？”吴祖光推着车严肃地说：“我现在就得走，是新凤霞叫我马上去她家，吉凶祸福全不知道，如在11点我还没有回来，你们到虎坊桥大街新凤霞的家找我。如果出了事，你就想办法救我；如出大事了，请打电话给上海我家。”说完，他大义凛然地跨上车，风也似的去了。

新凤霞这边按捺不住，索性站在门口等，心里想着，会不会自己太唐突了，一个电话就把人叫来，人家还马上就答应了，来了就求人帮忙，一点过程都没有。正在胡思乱想，吴祖光骑着车由远及近而至，新凤霞赶忙迎上，吴祖光一个漂亮的拐把，轻松躲过，停稳了车，避免了一场事故。“我尽快赶来了，不晚吧？”新凤霞点点头，把吴祖光让进屋。端上一杯沏好的茶，递上香烟，吴祖光抬手示意：“谢谢，我不会抽烟。”好，吴祖光同志又加一分。新凤霞从小在戏班后台就看着人抽烟、吸鸦片，抽烟在她看来跟吸毒没什么区别。

这是两人第一次单独面对面坐在彼此眼前，新凤霞看着吴祖光问询的眼神，硬着头皮开腔：“我请您来，是想求您一件事。全国青联开会，要我在大会上发言，我不会，我从来没在这么多人面前讲过话，这不是唱戏，我又不会写。你能不能帮帮我？”“可以，这算不得是帮忙。”吴祖光条件反射般掏出随身携带的钢笔，又叫新凤霞找来几张纸：“你说我记。”吴祖光摆好了阵势。

两人弄好发言大纲，竟然时间也不早了，吴祖光想着与黄苗子的约定，站起身便要走：“这样，我回去就为你写好，明天一早8点我给你送过来，陪你把发言捋一捋。”新凤霞想着明天就又能见了，心里高兴，把人送出大门口，一直到看不见影儿才回屋。

两人的首次单独会面犹如夏日午后的太阳雨，来得突然，走得也突然。彼此的好感每刻都在生发，可每次见面都是谈工作，“正经”话是一句也不说。

黄苗子和郁风此时在家，一个写字，一个画画。眼睛也时不时瞄一下时钟，偶尔对视一下，心里想的是同一件事：祖光，不会真出什么事了吧？门口有人轻叩，黄苗子打开门，不是吴祖光是谁。吴祖光也不搭话，径直走到沙发坐下，发着呆。黄苗子和郁风坐在对面，比吴祖光着急：“什么事？说说呀？见到新凤霞没？”“也没什么大事，就是让我帮她写发言稿，明天一大早我还得送去，她文化底子差，可能还得再帮她记记稿子。当然了，这样的民间艺人直爽，说话也比较痛快，我是很愿意为她服务的。”吴祖光轻松的口吻里竟然也透出一丝失望。黄苗子笑了：“我看是好事，我听那些记者说，她要找对象，必须是编剧导演，还得是三十岁，这不就是你吗？新凤霞这是打彩球，你是应选接彩球去了。”“不会吧，我们今天除了弄她青联发言的稿子，旁的话她可一句没说呢。”吴祖光说着，摸了摸胸前口袋上插着的钢笔。“那你希望一个姑娘家怎么说，吴祖光请喝茶，今天麻烦你跑一趟，你看我嫁给你行吗？”黄苗子“得理不饶人”地调侃着。吴祖光白净的大光脸通红，有些挂不住。郁风打了黄苗子一下：“女青年这么突然打电话叫你去，也许真就是醉翁之意不在酒，徐琮他们正到处宣传新凤霞家里‘选婿’，行啦，你们见上面就行啦。”

吴祖光从在文艺处蹲在新凤霞身旁那一刻，就对新凤霞有好感，到现在他都记得两人握手时的柔软。越是接触就越有好感，数次买了戏票去看新凤霞的戏，散场时自己却跑得比谁都快。大众剧场经理盛强其实是自己的同学兼好友，请他约了新凤霞吃饭，最后却正正经经地一顿采访。今天新凤霞一个电话，他没问事由，骑上车就飞奔而去，见了面却还是没挑破那层窗户纸。内心的好感越浓，那些倾慕的话却反而哽在喉咙里说不出来。除此之外，还有一件事也让吴祖光不知如何开口。

而对于新凤霞来说，吴祖光帮助她研究写稿的一幕一直在脑中循环播放。她是诞生于旧社会的民间艺人，最大的遗憾和短板就是没文化、不识字。对于文化人，新凤霞是有执念的，吴祖光不仅是个文化人，还是剧作家、编剧、导演，两人合璧几乎涵盖了演艺事业的一条龙产业链。人还长得帅，个头儿虽说不是那么高，但是高不高的，比她高就行了。总之想到吴祖光，新凤霞的嘴角就忍不住地上扬。明天还能见呢，新凤霞想着，带着笑意，不知不觉甜甜睡去。手上、腿上被蚊子咬出了无数的大包，她也浑然不觉。

第二天早上，指针刚过 8 点，吴祖光已准时出现在新凤霞的家门口。到了屋里，他把写好的发言稿拿出来，先念给新凤霞听。新凤霞作为口传心授练出来的戏曲名角儿，记忆力是受过严苛训练的，所以不到半个钟头，包括标点符号的停顿、语气，新凤霞都已经拿捏自如。吴祖光钦佩新凤霞惊人的记忆力，夸赞了两句，然后两人又没了话，可吴祖光又不愿意走。新凤霞看着这个“书呆子”，觉得这么下去真的不是办法：“我演的《刘巧儿》您看过吗？”新凤霞率先开了腔。“看过，真好！唱、做都很新鲜，很有魅力，非常有魅力！”吴祖光忙不迭地应和。“前门大街的买卖家大喇叭，到处都放巧儿唱的：‘因此上我偷偷地就爱上了他呀！这一回我可要自己找婆家！’这唱词是我自己编的，您知道吗？”新凤霞说完，害羞地低着头。吴祖光恳切地说：“对，配合宣传《(中华人民共和国)婚姻法》，这出新戏很受欢迎，家喻户晓了。”

闯荡江湖多年的新凤霞此刻心里也不得不惊叹吴祖光的“呆”，再这么耗下去，这弯拐到前门再回来，他也明白不了自己的心意，实在想不通他那些感情真挚的剧本是怎么写出来的。

新凤霞从艺以来，每一步都是靠自己拼命争取得来的，看来这次的找婆家，也得靠自己了。“我想跟你结婚，你愿意吗？”新凤霞抬起头，双眼直视吴祖光。吴祖光被这突如其来的爆炸性提问“轰”得脸通红，就像昨晚在黄苗子家里的沙发上一样。“我……我离过婚”，吴祖光的声音气若游丝。“我知道啊，老舍先生跟我说过的”，新凤霞毫不意外，“您跟她性格不合，是她提出分开的，曹禺先生也说您二位不合适，不是吗？”新凤霞眨着大眼睛，真诚，率直。“你知道的还挺多。”吴祖光没有想到新凤霞的“求婚”如此直接，但对于这种爽直、不做作，他十分欣赏，只是这种突然袭击，他一点精神准备也没有。“你让我，考虑考虑。”新凤霞觉得心中一阵刺痛，她是一个把自尊心看得很重的人，能够这样直接跟吴祖光表白，也是作为女人的极限：“唉！真是一盆凉水泼头，是我没看准人。”吴祖光“腾”地站起身，双眼迎上新凤霞略显失落的目光：“我得向你一生负责！”这一瞬间，新凤霞相信了，这就是她要找的对的人。吴祖光后来也确实兑现了向新凤霞一生负责的承诺。

话都说开了，两人也一下轻松了。吴祖光这才发现，新凤霞的胳膊已经被她挠得又红又肿，全是血道子。新凤霞见吴祖光打量着自己，不好意思地捂住胳膊：“院里都是花，屋里蚊子太多，咬得我成了花瓜了。”“是，夏天蚊子是多，您别拿我当花蚊子就是了。”吴祖光心中的石头也落了地，幽默之神再次眷顾了他。晚上在前门外的中和戏院，新凤霞还有演出，约好了吴祖光去看。二人一同出门，新凤霞欢天喜地地去戏院，吴祖光也骑车走了。

当天晚上，中和戏院，吴祖光没有来。新凤霞的气，不打一处来。散了戏，新凤霞走在回家的途中，越走越急，气得直喘。“说好了来看戏，就不来！我那么上赶着，跟他说的都是心里话，他准是认为我特轻浮了！他不会出什么事吧……”新凤霞停下脚步。“不会！他能出什么事儿，要不就是有女朋友，不告诉我！瞧不起人！我可不是朝三暮四的，你吴祖光打着灯笼也找不着我这唱戏的！”就这么气着走着，一抬头，已经来到家门口，自己房间亮着灯。新凤霞心中一动，快走几步，推门进屋：“二姨！二姨，是有人来了吗？”厅里没人，新凤霞冲到自己房间，床上多了一顶崭新的珍罗蚊帐，二姨正摸着蚊帐，啧啧称赞。“回来啦，帮你写东西那位先生真是好人，我刚吃完晚饭，他就又来了，我让他上剧场找你，他就说啊，他不看戏，也不找你，说蚊子多，先得把蚊帐挂了，唱一晚上戏再睡不好，身体要垮的。自己带的家伙，爬高上梯的，挂好蚊帐就走了，茶都没喝一口。还说让你回来看看，用着不合适就打电话给他，他再给调地方。”新凤霞的心思早在这顶蚊帐上，心里的怒怨也烟消云散，嘴上应着二姨，心里甜得不行，横看竖看，再退后两步，这哪里还是蚊帐，在她心中简直是艺术品了。心上人亲自给挂的蚊帐，堪比七宝锦襕袈裟。果然，一夜好眠，一只蚊子也没得逞。

全国青联代表大会，新凤霞的发言不出意料，非常成功。怕什么来什么，全国妇联又邀新凤霞在妇代会上发言。想什么也来什么，新凤霞跟吴祖光又有了相处的机会。两人约好的那个日子，新凤霞又被临时叫去文艺处开会，好说歹说，没办法推脱。打电话已经来不及，人估计都在路上了，只能留纸条了，新凤霞对着眼前的纸笔发呆，写了撕，撕了写，搞得满头大汗，还有几个字写不出来："祖光：我开会，你在这里休息，今天晚上记得来看戏。"好不容易凑合写完，抬腿出了门。

这一天开了一天的会，晚上扮好上台，新凤霞偷偷往台下瞄。左右还是没看见吴祖光，这次新凤霞倒是没生气，反而有点没脾气了。"祖光什么都好，就是有点自由散漫，还有点磨叽，叫两回都不来，也没个理由。"新凤霞心里使着小性子，自顾自地给自己未来的丈夫下着定义。有了上次的经验，新凤霞也没再联系吴祖光。结果第二天晚上，吴祖光和音乐家盛家伦来看戏了，吴祖光梳着背头，腰板挺得笔直，就坐在第一排，美滋滋地看着新凤霞，搞得新凤霞又好气又好笑。给你留票你不来，没给你留吧，你自己又跑来了。散了戏，吴祖光冠冕堂皇地来后台看新凤霞，进了化妆室，新凤霞劈头就问："我叫你昨天来看戏，你怎么不来呢？戏票都作废了！"吴祖光看着嗔怒的新凤霞，心里十分喜欢，笑嘻嘻地说："你叫我今天来的呀。"说着从兜里掏出字条，满篇的错别字放在一边，"明天"两个字歪七扭八地躺在字条上，委屈地看着新凤霞。据说，从此以后，新凤霞再也没有给吴祖光留过字条。

两人的感情持续升温，一次新凤霞请吴祖光在恩成居吃饭，这里也是包括梅兰芳先生等众多名家偏爱的食府，其中的清蒸甲鱼颇有些名声，二人点了一个清蒸甲鱼和一个素菜。饭罢，吴祖光回到《新民报》报社宿舍，黄苗子夫妇、张正宇、盛家伦围上来打听情况。说到一半，吴祖光便觉得腹中不适。张正宇于是赠诗两句："甲鱼大补，肚痛一下午。"除了吴祖光身边的朋友们，还有一个人更是乐见其成，那就是媒人老舍先生了。新凤霞也非常感谢老舍先生，于是邀他来家里做客，老舍先生听完二人相处的近况，诚恳地说："凤霞，你们应该合作一次，去找吴祖光为你写一出戏。"新凤霞很高兴："那，写什么好呢？"老舍先生扶了扶眼镜："七月七，各剧团都是要上演应节戏的，你找祖光给你写牛郎织女，琴瑟和鸣。"

这时吴祖光已经写了话剧版的《牛郎织女》，在重庆、上海演出十分成功。听了新凤霞的要求，吴祖光很高兴地答应，结合自己的话剧本，很快写出了评剧《牛郎织女》。剧目顺利应节上演，自然获得了成功，全京城的人都想看看，台上台下的牛郎织女是一部怎样的作品。艾青、老舍先生也发表文章表示支持，戏词中有大段对唱表现男耕女织，其中有一句："多谢那老牛哥有情又有义，为我们配成了一对好夫妻。"新凤霞亲自将这一段唱设计了曲牌"太平年"。散戏后，新凤霞、吴祖光请老舍先生在来今雨轩吃饭，老舍先生调侃："祝你们两个像牛郎织女一样，自强、自信、创造、相爱，不会有王母娘娘反对吧！"吴祖光举杯："感谢老牛哥有情又有

《牛郎织女》剧照（1950 年）

意。”用戏词砸了现挂。

新凤霞和吴祖光恋爱了，这本来是两个人的事，但放到唱红了《刘巧儿》的新凤霞身上，又似乎不仅仅是两个人的事，首先还是领导这一关。新中国成立不久，始终有些人对归国人员持怀疑态度。领导的意思是，新凤霞扮演的刘巧儿对《中华人民共和国婚姻法》的普及是有广泛意义的，新凤霞本人也成了翻身妇女的典型，婚姻大事也很受关注。在这种情况下，如果找一个“白区”的归国人员做丈夫，无论从什么角度，都是很不合适的。于是文化处的干部找了新凤霞谈话：“新凤霞太幼稚，没有经验，更没有理想。终身大事要听领导的！”新凤霞也是直来直去的：“《刘巧儿》台上唱的就是反对包办婚姻，自己找婆家。怎么到了台下我想自己找婆家，就不行了呢？”也对，“我妈都不管我，你凭什么管我呢”？

坊间流言四起，诸如“吴祖光是香港来的洋派儿，不是劳动人民！什么都见过、玩过，虚伪得很；新凤霞一个民间艺人，又没文化，被耍了都不知道怎么回事”“男女去恩成居吃饭，没有好事干”。这些话在一定程度上困扰着新凤霞，但是大家都知道，新凤霞是不能被激的，这些流言蜚语反而坚定了她要尽快与吴祖光结婚的信念。

两人的交往更加频繁密切，正赶上两天下大雨，剧场漏雨停演，新凤霞好不容易有了休息的机会，两人又凑到了一起。“你在北京可去玩过什么地方没？”吴祖光拉着新凤霞问。“没去过什么地方，天天演出，也没什么时间玩，逛过天桥吧。天桥我熟。”新凤霞回答。“那去北海转转？北海我熟。”新凤霞连连点头，其实只要跟吴祖光在一起，去哪儿都是开心的。北海的工人都对吴祖光十分熟悉，原来吴祖光的父亲曾是北海公园的主办人，那时，吴祖光便和这里的工人打成了一片，几个工人还围过来，热情地拉着两人划船。吴祖光跟工人们说笑，回头看了看新凤霞，眼神询问着她是否想划船。

一个人有名望、地位都是虚的，新凤霞这次看到的是一个真实的、在生活的人，是坦诚善良、平等热情待人的吴祖光。那些诬蔑他的人都是瞎扯的闲人！那一刹那，新凤霞的心中坚定，要快点跟眼前的这个人结婚哪！从北海仿膳饭庄吃完饭出来，两人在湖边散步，默默无语。新凤霞突然主动地拉住了吴祖光的手，没头没脑地边走边说："快！我们结婚吧！"吴祖光也慢慢习惯了新凤霞的单刀直入，一把拉了她站住："你等一下，总要做好准备吧。"新凤霞想了想，松了手："也是！本来咱们去领了结婚证就行了，可是现在他们反对，我就非要办个样子给他们看看！"吴祖光没有回答，新凤霞连珠炮般地接着说："领导不同意，开介绍信都难，我不管！刘巧儿都要争取婚姻自主呢，我不信这个理讲不通！祖光，倒是你要不要问问你父母的意见呢？"吴祖光似乎也被新凤霞感染："那倒用不着，这是我自己的事情。""我也用不着问我的父母，谁也管不着！"新凤霞对着湖面大喊着。

第二天，新凤霞起来就直奔大栅栏去定结婚礼服，新生礼服店的橱窗里有一套上好的白纱礼服，新凤霞指着礼服对老板说："我就要这个！"气势极为惊人。随后，她又雷厉风行地约好了照相馆、洋乐队伴奏。一切准备停当，她把这些都报告给了吴祖光。吴祖光愣愣地听完，只说了三个字："不必要。"新凤霞双手比划着："前门大街一条街点着名愿意为我服务，结婚礼服让我挑最好、最贵的，新娘新郎两身白，好看极了，白纱的呀。"吴祖光拉起新凤霞的手："您能不跟个小钢炮似的吗？婚是咱俩结，事也是咱俩办，我总有发表意见的权利吧。咱们东方女性还是穿旗袍好看，让郁风给你设计一件旗袍。咱别两身白，跟俩洋蜡烛一样，出洋相，再等着让人点了。"最后还是新凤霞妥协了，只要能跟吴祖光结婚，这又算得了什么呢？

结婚那天，新凤霞穿了郁风设计的紫色旗袍，一件灰色的绒背心，黑色半高跟鞋。吴祖光一身蓝色西装、白衬衫。婚礼场地选在北京南河沿欧美同学会，场面按照新凤霞的要求，甚是壮观。大厅举行了鸡尾酒会，设自助餐，双方父母均在外地未能参加，也未举行鞠躬礼。男方主婚人阳翰笙，女方主婚人欧阳予倩，介绍人老舍先生。文艺界的专家学者来了很多，赵丹夫妇、唐大郎专程从上海赶来，郭沫若夫妇带了孩子参加，郭沫若先生还兼婚礼主持，茅盾、洪深等长辈也应邀出席。戏曲界从城南天桥到各大剧院均有人参加，天桥的老伙伴以侯宝林为首，侯宝林先生出主意每人抱只鸡来，说是"要用鸡给新郎新娘围起来"。欧阳予倩先生非常高兴，献唱昆曲《思凡》一段，由音乐爱好者、著名漫画家丁聪伴奏。现场天桥艺人、卖小吃的摊贩近两百人观礼，来的都是新凤霞的老朋友。周恩来总理几次打电话表示要来，但由于现场观礼人数过多，保卫部门无法保障总理安全，只得作罢。婚后，周恩来和邓颖超约了吴祖光新凤霞、曹禺方瑞、老舍胡絜青三对夫妇至家中做客。席间，周恩来总理说了几句话："祖光和凤霞结合，是很理想的一对，凤霞是贫民窟长大的戏曲艺人，她可以得到祖光的文化、艺术等各方面的帮助，希望凤霞做一个有文化、有理想、有修养的新社会戏曲演员。最后祝大家幸福快乐！"

妇唱夫随　不弃不离

受丈夫吴祖光的影响，本就对学文化充满好奇的新凤霞，开始陪着丈夫一起逛书店、看字画。当然，之前的数次字条事件，也让一生要强的新凤霞颇受“打击”。她最看重的是吴祖光的文化素养，吴祖光的朋友们也有文化且非常多元，新凤霞学戏时就善于博采众长，文化方面也举一反三，这些获得的知识又能反哺她在舞台上的艺术创造。在台上收获了更多的鲜花掌声，在台下有一位能帮助自己提高文化修养同时还能一起探讨艺术的丈夫，此时的新凤霞总算苦尽甘来，甜蜜非常。

那时很多文化界人士都在北京置了四合院，老舍置在了乃兹府丰盛胡同，赵树理和吴祖光置在了东城王府井，赵树理在五号，吴祖光在九号。吴祖光买下四合院不久，就兴奋地领着新凤霞来参观，这套四合院后来也成了新凤霞最喜爱的住所。高台红漆的大门，转进去是一个圆圆的月亮门，这里是一个四方的小院，院子里面非常宽敞，院墙爬山虎，院内石榴树，角落里的鱼缸内还有梅兰芳先生所赠的小造景。出了院子进到的是里院，东、西、南、北四面房，均配有耳房，北屋七间，东西各三间，南屋一排三间相连。里院有棵凤凰树，还有过房高的海棠、紫色的丁香、靠南墙的白玉兰和葡萄架。

新凤霞看得心里是真正的高兴，这可是她心中所想的家的样子。吴祖光神秘地带着她来到南屋：“凤霞，这是我送给你的结婚礼物，它可能有别于你心中所想，不过我还是真心希望你能喜欢。”吴祖光说完推开其中一间，那是一个布置精致的书房，笔墨纸砚一应俱全，书架上整齐地摆满吴祖光早已为她选好的书籍。正对的是一个红木雕花配大理石桌面的书桌。

吴祖光、新凤霞夫妇（20 世纪 80 年代）

新凤霞无论如何也想不到自己的结婚礼物会是一间书房，或者说她从来没想过自己会拥有一间书房。送礼物是门学问，送礼物的境界有三层，最高境界是惊喜，其次是需求，最次为索取。而此时新凤霞的心中感受简直是惊喜中的惊喜。“我知道这些书一时半会儿你没有办法都看懂，慢慢来，我已经按照重要性排列好，桌子下面有脚踏，你演出任务重，回来看书，脚踏在上面，双腿会比较放松。”吴祖光细心地介绍，生怕自己的妻子不喜欢，毕竟这份结婚礼物有别于女性传统的需求。而新凤霞此刻只是静静地看着眼前的男人，恨不能扑进他的怀中，紧紧地拥抱他。

吴祖光买下的这所四合院毗邻协和医院，房主原是协和医院著名妇产科泰斗林巧稚。新凤霞的次子吴欢出生，接生大夫就是林巧稚，由于胎位不正，这个吴氏家族的“小魔怪”未出生，就把母亲"折腾"得够呛。不久之后，吴祖光又将父母接来同住，互相照应。新凤霞的父母则在婚前即有住所，两家老人时常串门，膝下弄孙，其乐融融。

吴祖光在新婚不久后，便接到任务，去了石景山体验生活。新凤霞则奔赴于各个剧场，演出任务繁重，但好在日子甜蜜并不觉得精神上有多么疲劳。但身体是诚实的，一次演出，新凤霞中场休息时便吐了血，前往医院检查，确诊为浸润性肺结核初期，只能休息，吴祖光便每天骑着自行车往来于石景山和医院之间。但剧团里挑大梁的只有新凤霞一人，她一停则意味着全团停止演出。于是，由文化处领导建议，首都实验评剧团并入总政，新凤霞加入了中国人民解放军任总政文工团副团长，医疗费用也得到妥善解决。

新凤霞的身体恢复情况良好，时值抗美援朝，吴祖光、老舍等人先行被派往朝鲜慰问官兵，新凤霞则留在国内演出。在抗美援朝时期，文艺界掀起了向朝鲜前线捐献飞机的运动。新凤霞以中国人民解放军总政文工团副团长身份向上级表态：捐献"青年号"飞机。王松声、张梦庚等同志带领剧团到各地厂矿、农村演出，筹集资金，提前完成了捐献"青年号"飞机的任务。不久，新凤霞又接到了前往

吴祖光、新凤霞夫妇（20 世纪 90 年代）

朝鲜进行慰问演出的任务，即第三次赴朝慰问团，同行的团友还有京剧花脸名家裘盛戎。裘盛戎先生早在天桥便看过新凤霞的戏，这次演出还应首长的要求，一起同台出演了《秦香莲》，京、评两下锅，可谓珠联璧合。贺龙同志称，这是他看过最好的一出《秦香莲》。慰问演出的行程非常紧张，各演出团体都能互帮互谅，你今天赶不过去的场次，我现在马上替演，保证各师团的每一位战士都能够观看到演出。

1953 年新凤霞赴朝鲜慰问演出

有一天，演出刚刚结束，司令部来电，要新凤霞同志过去一趟与吴祖光团聚。原来老舍先生在吃饭时无意间提到新凤霞也在慰问团体中，所以总部依照惯例安排夫妻相见。新凤霞坐了吉普车，一路颠簸，抵达了司令部，见到了自己的丈夫，也见到了她敬爱的老舍先生，大家聚会甚为欢喜。老舍先生说："牛女朝鲜相会了，战地喜事传佳话。"

当晚，吴祖光喝了不少酒，两人依偎在一起："凤霞，这是中国共产党的军队，讲情感啊！在战火连天未灭的时刻，知道你是我的妻子，总司令指示接你来和我见面呢！回去以后，不要提总部的事情，免得人家认为你特殊。"凌晨吴祖光送新凤霞回十六军继续演出，新凤霞抬脚要上车，被吴祖光拉住："凤霞，盘山路很复杂，你坐里面，我靠车窗保护你。"新凤霞像小猫一样蜷缩在吴

新凤霞于家中绘画（20 世纪 50 年代）

祖光身旁，迷迷糊糊地睡了过去。

从朝鲜回到她日思夜想的家里，这座四合院承载着新凤霞全部的爱与信念，她还是每天演戏、回家，保持着两点一线的生活。吴祖光在院子里置办了一个乒乓球桌，每天跟孩子打打球。看到这些，新凤霞的心中无比满足，生活不就该是如此嘛！

就在此时，中国共产党第八次全国代表大会召开。新凤霞或许不明白“八大”意味着什么。只是报章上刊登的各种头条新闻令新凤霞的心中产生了隐隐的不安。很快，暴风雨还是降临在她心中这座无比重要的小院里。

1957 年，吴祖光的几位老朋友兴高采烈地来到这个小院，向吴祖光报喜，党要开放所有通道，听取党内外同志的建议，建议吴祖光一起参加。吴祖光也很兴奋，他经常提起只有中国共产党解放了全中国，而且在重庆谈判期间，毛主席把自己的《沁园春·雪》送给了柳亚子先生，然后很快被传了出去。由于当时传抄不全，吴祖光用三个不同的传抄本凑成了完整版，然后想把这首词发在自己主编的《新民报》副刊《西方夜谭》上。当时考虑到旧体诗的几点弊病，主席并不提倡。按照主席的意见，当时不宜公开发表。比如，《新华日报》上就只发表了柳亚子的和词，未发表主席的原词。但吴祖光认为这首词"可遇难求"，"无论如何也不能放弃"，且《新民报》不是中国共产党党报，不受约束，一定要发表。1945年11月14日，吴祖光把这首词以《毛词·沁园春》为标题，在《西方夜谭》刊发了。始料未及的是，在接下来的一段时间里，街谈巷议的都是这首《沁园春·雪》，把国民党的阵营彻底给搅乱了。那个时候，从知识分子圈、科技圈、教育圈，到民间略识文字的人都在传颂：中国共产党的领袖叫毛泽东。而这次倡导大家提意见的，正是中国共产党和毛泽东主席呀！于是文联会议，吴祖光也欣然出发。

这次会议后的第二天，报纸上出现消息，《党趁早别"领导"艺术工作》，吴祖光也被戴上了"右派"的帽子。吴祖光的文章《将军掉了枪》说的是一个武生演员在舞台上掉了枪，他并不以为意，反而还笑，或许这种笑多少带些自嘲的意味，可是演员在台上尊重舞台和观众是最基本的职业素养，这种情况放在以前是要被师父严厉责罚的。这样一篇戏剧工作者对业内年轻演员劝诫的文章，也被拿来作为攻击吴祖光的重要黑料。针对吴祖光的批斗大大小小总有五六十次。

很快，新凤霞也受到牵连，当时的工作单位迅速做出反应，开始对她进行审查，最明确的一点便是要求新凤霞与被划为"右派”的吴祖光划清界限，并告诉她，吴祖光很快就要被送走接受教育。新凤霞在思考，她想的问题很朴素，我跟我丈夫到底有什么问题？还是我们之间有矛盾？有矛盾不也是内部矛盾吗？怎么就又惹上领导操心了。这划清什么界限？界限在哪？吴祖光是她新凤霞的全部，两人的关系是夫妻、是孩子的父母、是灵魂伴侣，灵魂伴侣是合二为一的精神存在，哪怕有再小的裂痕，两个灵魂都将灰飞烟灭。而且使她惊奇的是，很多与之无关的路人也加入了劝说队伍，她想不通："我跟我丈夫的事情，怎么突然有这么多无聊的人在横加阻挠。离婚是不可能的，你送走吴祖光，他也是我的丈夫，十八年、二十八年他还是我的丈夫！"新凤霞跟领导如是说，跟所有来阻挠她的人如是说，从他们反对她和吴祖光的结合开始，她就如是说。

于是第二天剧院大门就贴了一张漫画，一个着古装凤冠的女人紧紧抱着一个现代男人流着泪："我等你二十八年。"新凤霞陪伴着吴祖光一起，被戴上了"右派"的帽子，当然新凤霞还得给剧院演戏，新凤霞是"右派"也不能见报，否则像新凤霞一样的人或广大的人民群众也会陷入思考，怎么一个受人民欢迎的演员也成了"右派"呢？这"右派"的界限在哪儿呢？所以新凤霞是白天挨批斗，晚上照常演出，观众也照常给新凤霞喝彩！"右派"到底是个什么"兵种"，人民群众一点也不关心。

自从划定了吴祖光是"右派"，新凤霞便很难再见到自己的丈夫。剧院领导也逼着她搬到了母亲的住处。于是那年的国庆，新凤霞托人偷偷给吴祖光递了一个纸条，上面无误地写着 10 月 1 日夜 12 点，在四合院外院过道相见。

这天夜里，新凤霞穿了一件不太显眼的衣服，心情低落的同

新凤霞于家中绘画（20 世纪 50 年代）

时，也为终于能见到丈夫一面而激动。她绕过了大街小巷，小心翼翼，好不容易走到曾是自己梦想之家的小院，吴祖光背了个手电筒给新凤霞照亮，两人站在院子里，就那样静静地看着对方。

新凤霞看着自己的主心骨身体还算不错，稍稍放了心，只是满腹的委屈忍不住如排山倒海一般倾泻汹涌，吴祖光不烦不躁地听着新凤霞的诉说，平静又温柔："受苦的不止我一个，大家都在受苦。反正我已经上报了，你就都往我身上推，我担着。他们要是骗你说我揭发你，你可要站稳相信我，我是永远保护你的。"听完吴祖光的几句话，新凤霞平静了很多："我相信你，总之我就是不离婚。”

吴祖光被下放到北大荒的通知很快来到，新凤霞最担心的事情还是发生了。单位批斗、家里老的老小的小，这些都要靠新凤霞一人支撑了。伤离别，内心的情感伤害也在折磨着这位评剧天才。吴祖光去跟父母道别，父亲还什么都不知道，只叮嘱他小心，吴祖光微笑着点头，母亲尽全力忍住的情感，令他心中五味杂陈。跟儿女道别后，新凤霞送他出门，吴祖光停下脚步，转身温柔地对妻子说：“我就是不放心你，你是个好演员，心胸要开阔，看书可以排解苦难，我去了趟你的书房，你要看的书，我已经给你放在书架上，最需要看的放在上层。”说完，他背起行囊，大步离去。只片刻，吴祖光的身影便被无尽的雾气缠裹，没了踪迹。新凤霞没有让丈夫看到自己大哭一场的情景，接下来她要面对的除了白天的批斗和晚上的演出，还有这一家人的生活。

丈夫走的第二天，新凤霞便搬到了剧院宿舍，批斗已经变着法儿地侮辱着丈夫和自己，她不愿也不能再给这些败类胡说八道她新凤霞男女之事的机会。每天变着法儿地批斗，再有“创意的项目”，灵感也会枯竭。批斗会很快变成了鸡毛蒜皮、打发时间的活动。每天“主角”新凤霞在一众人对着她发泄完情绪之后，便坐在角落。丈夫对她的精神鼓励以及每日读书的修养，让她可以屏蔽那些污言秽语，获得些精神放松。后来她甚至拿个小本，把会上的奇葩内容当练手文字记录下来。与吴祖光的精神联系让新凤霞的心里略感安慰，两人经常通信，新凤霞把自己的大事小情全与丈夫诉说，实在不会写就用图画表示，比如有次搬道具胳膊摔肿了，“胳膊”两个字的笔画过多，新凤霞便画了一只又粗又肿的胳膊附在信中。吴祖光见后大乐：“在我们紧张的劳动中，看到我的信最多，大家都很羡慕，我给大家看你给我写的信，字写得好坏不说，那些画儿可太逗了。”在艰难的岁月里，新凤霞每个月都请团里的木匠师傅做一个小木盒，装满各种营养品或衣物寄给身在北大荒的丈夫，她用最朴素的愿望和无限的毅力支撑着自己，支撑着这个家。

在此期间，身边的好友也在偷偷地支持她，统战部部长徐冰同志亲临探望，见面第一句话：“我是祖光的老朋友，不是代表统战部。”

每天演出完就得扫厕所，演出和劳动的重压让新凤霞本就虚弱的身体雪上加霜，休息只能睡在潮湿的锅炉房，火暴的义姐小白玉霜知道后，直接当面向领导反映问题，又带了人来照顾新凤霞。老舍先生经常来探望，每次默默听完新凤霞的诉说，都会劝解：“你这些话跟我说说就算了，要跟别人透露半句，随便给你加上什么你都受不了。没事儿给祖光多写信，就当练笔小作文，他也高兴。”在那个人人自危的年代，能够冒着风险站在你身边的人，大体已然不差，哪怕只是一句简单的问候。共患难易，同富贵难。但这并非无可奈何的共患难，也是无利可图的共患难。自身难保却不在乎介入别人的是非，这是人性的光辉面。评说他人很容易，自己做到却是难于登天。

很快，三年困难时期又至，带来了另一个现实问题，粮食紧缺，物价飞涨。大人可以少吃，但三个还在发育的孩子，嘴是不能停的。新凤霞只能变卖家中值钱的玩意儿为孩子们补充营养。每天每人吃饭是定量配给，三个孩子排着队捧着小瓷碗，由新凤霞的婆婆周琴绮挨个盛饭。最小的女儿，往往会摇摇晃晃地捧着盛好的饭，走到新凤霞夫妻俩的合影前：“爸爸吃饭呢。”蹒跚学步的童儿，一碗饭“啪”的一声就扣在地上，她赶忙蹲下，捡起地上的饭往嘴里塞，两个哥哥抢着把自己小瓷碗里的饭往妹妹那只碗里拨。那时候水果更是奢侈物，好不容易不知从哪里寻来一只梨，也要切开分。周琴绮摇摇头，咱家可不能再分离（梨）了。

吴祖光的父亲吴瀛（字景洲），忧思久病，于 1959 年溘然长逝，三个加急电报，得到的回复是：不予吴祖光返乡。吴瀛先生的后事由儿媳新凤霞主持。

求生日益艰难，画商为利，来到家中收画。新凤霞为了孩子们，只能贱卖了丈夫多年收集的字画，新凤霞为此一直后悔不已。吴祖光回到家后，却未曾责怪一句，问就只有四个字，“身外之物”。一日老舍先生来访，捧着一幅齐白石的画，他在市场上看到并认出是吴祖光家中之物，于是掏钱买来，物归原主，临走前握着吴祖光的手，一脸愧色：“只可惜能力有限，不能把属于你的尽数买回。”

吴祖光自北大荒归来，首要的事便是修缮自己的小家，王府井的自家四合院里，换顶瓦，上墙灰。新凤霞见自己的丈夫可以回家，也照常演出，前事一概不提。

1966 年，春夏相交的一个安静夜晚，王府井马家庙，温馨的小四合院内拉了数盏灯泡，灯火通明，六盆昙花齐怒放，引得邻居围观，一片喜庆，周琴绮一脸忧色：“这花开得太绝，怕是不能太平。”同年夏，“文化大革命”如火如荼展开，刚刚解脱出来的吴祖光，家里书房屁股都没坐热，即被抓进牛棚。新凤霞也被打进“地狱”，批斗、殴打，而她尊敬的老舍先生已于前日投湖自尽，好友黄苗子、郁风已被收监隔离。而那个被新凤霞、吴祖光修修补补称之为家的温馨的小院，即将迎来一批又一批的“主人”。

最开始，进来的是一男一女，拿着自制的封条强行霸占了小院的西屋，“附赠”所有家具。女人说辞：“你们家最好的家具已经被抄得不剩什么，这些我们就凑合着用了。”随后而至的是一名三十岁左右的壮年男子，在自报家门之后占领了南屋：“我是老少三代，有孩子有老人。”新凤霞此时已没了当初的懦弱，她抚摸着婆婆的后背，宽慰道：“共产党员搬进来好些，咱家还能有些保证，总比那些浑不懂事的红卫兵强。”刨树、拆墙、改小房，新凤霞眼看着自己的家园分崩离析，此时房管局的人来做工作，用仅剩的几间耳房换取单元房，当然，如果不走也可以，但结局只能是更多的人挤占进来。万不得已，夫妇俩只能同意搬家。这天上午，吴祖光、新凤霞一家人永远离开了王府井帅府园马家庙 9 号，搬进了和平里十四区。

随后，新凤霞彻底被驱逐出舞台，参加了长达六年的毫无意义的劳动 —— 挖掘防空洞。即便如此，她咬牙坚持练功时，却被人抢夺练功道具；她默念台词，则被认为是在喊反动口号；面带微笑是不尊重“革命”，低头认错是在装可怜。无论如何，换来的无非是一顿毒打。在此期间，与她一起劳动，她的好姐姐，她推崇备至的小白玉霜也自杀身亡。新凤霞有很多事情开始想不通：为什么那些平时客客气气的小领导、以同志相称的同志们，如今都彻底变了模样？随便一句“再扫一下四旧”，就可以堂而皇之地来家里翻箱倒柜？为什么自己以前没文化受欺负，现在努力读书认字，尊敬地背着思想和指示，还要受欺负？最大的困惑还是为什么不能上台？举个小铁马扎也要被收走，背个戏要被说成反动……

1975 年已是“文化大革命”末期，可惜新凤霞的心思不通很

吴祖光、新凤霞夫妇

快影响到本已脆弱的身体，本已有高血压的她终于在 1975 年因脑血栓被误诊，治疗不及时而半身不遂，舞台离她越来越远，伸手不及。

这场天人共愤的浩劫直到 1976 年底才算基本结束，彼时的新凤霞却已无法再次站上舞台。人们只能从影像中窥见这位天才戏剧演员的风采。而对于饱受磨难的新凤霞来说，残疾初期虽然也曾抱怨厌世，可只要吴祖光在，她就相信自己可以安好，而事实上，凭借着丈夫的爱和她自己不懈的坚持，新凤霞的人生又将迎来一个新的篇章。

最近时常听到一种说法，一件事情到了要坚持的局面，便是失败的前兆。又或是一项事业到了要振兴的地步，便是离消亡不远。然而我也见过无数聪明人离成功只有一步之遥，便颓然放弃。又或是曾有成就仅仅一次失败，便一蹶不振。新凤霞历经磨难，但后半程人生依旧璀璨。若说是孤例不证，那么存在是否即合理呢？既然合理，又何须去向谁证明一二呢？

护妻狂魔吴祖光

新凤霞半身瘫痪后，二儿子吴欢便担负起背着母亲上下楼的责任，为了哄妈妈高兴，吴欢常称自己是妈妈的“小毛驴”。新凤霞觉得，总这样要人照顾自己不是个办法，更不能耽误儿子的事，于是尽量自己的事情自己做。有一次，新凤霞去厕所洗手绢，无奈一只右手是完不成这样的任务的，只能拿起小刷子一下一下地砸手绢清洗。吴祖光听到动静，召集全家开会：“你们的母亲是病人，家里有任何声响，所有人都要关心！”

吴祖光、新凤霞夫妇（20 世纪 80 年代）

美食家新凤霞

“母亲做的腌白菜很好吃，直到现在我们家还是照母亲的做法腌着吃，大家都喜欢。”

旧社会穷人命苦，手停口停，即便如此，也是“民以食为天”。穷人的美食是饮食文化中不可或缺的一部分。新凤霞在制作美食方面深得其母真传，从小帮母亲腌白菜，一棵大白菜，要做好几样。白菜帮子腌起来，白菜心顶刀切成细丝，放点儿醋、撒点儿糖、淋上点儿芝麻酱。冬天腌白菜帮子、腌萝卜，大缸里都满了，要吃一整个冬天。吃之前把菜捞出来，洗干净，切成小条，炸辣椒油浇在菜上，又脆又鲜。杂面条、棒子面粥、腌咸菜，一家老少坐在炕上，小炕桌边围一圈，热气腾腾的。

新凤霞的最爱是红烧肉，有一年赶戏发烧，小凤儿觉得浑身都没劲儿。一盘油亮亮的红烧肉切成了四方块，肥嘟嘟的，和一堆白馒头一起摆在桌上，让小凤儿的病好了一半儿。她用馒头夹红烧肉，而且尽挑肥的，雪白的馒头吸满了浓油赤酱，咬一口，喷香！吃完竟奇迹般地退烧了。

只是接下来给班主连唱了十几天戏，一分钱也没拿到。

胖子的肚子

新凤霞在与吴祖光恋爱期间曾数次留小纸条给吴祖光，举动甜蜜，但因文化水平有限，错字连篇。故而自尊心极强的她便发誓此生不再给吴祖光留字条。

无奈命运的齿轮一旦转动，任谁都无法阻止。某日吴祖光回到家里，新凤霞告知“胖子”（吴祖光友人昵称）出差路过北京，打电话来找，要祖光回电话，酒店号码已记在电话本里。吴祖光来回翻阅数遍而不得，遂手持电话本向爱妻新凤霞求教。新凤霞翻了两下，昂首挺胸地指了记录给吴祖光看，只见一串号码前面规规矩矩写了两个字——“肚子”。

其他具有创造性的词汇还有，把“喝粥”弄成“喝溺”，把“捧我”写成“揍我”，把“布莱希特”叫成“希特勒”等。

第四章——飞鸾翔凤

『因为我爱唱，演员们也耐心地教我，我唱什么，学什么都爱入迷。』

『评剧和京剧合作，也是有传统的……我也和京剧演员合作过，我的堂姐杨金香，就是很好的刀马花旦，京剧演员；她的唱、念、做、打，都是好的，这对我后来的唱、做、表演都有帮助。』

——新凤霞《两大块》

杨金山与李玉珍

新凤霞的养父杨金山，早年在一家老字号的糖果店学徒，学习糖食手艺，后辞工。为了全家人的生计，成了一名走街串巷、卖糖葫芦和糖瓜的贩夫走卒。杨金山的性格和千万旧社会底层人民一样，耿直、善良、胆小、好面子。从糖食店辞工就是因为被排挤构陷又勇于承担了责任。

杨金山父亲在世时，生活还算富裕，有子三人，杨金山行三。大哥上过学堂，略通文墨，甚至还学了点儿中医。二哥吹拉弹唱无一不精，戏曲、曲艺手到擒来。其后父亲去世，境况便急转直下，而此时的杨金山尚未满月。都说老幺是家里最受宠的，可由于这种种境况，杨金山基本没赶上一天好日子，反倒成了家里最可有可无的存在。按理说大哥是全家唯一一位识文断字的，还很会给街坊们看点儿小病，算算命，过年过节也能写写对联，家里又人丁单薄，所以吃用也少，完全不需要家里帮衬。但在那个年代，“长兄如父”的观念根深蒂固，“老来从子”的母亲举全家之力也希望能让长子有出息，于是其母把老家的积蓄全数给了大哥开了间小药铺。杨金山那时尚小，自然也发表不了什么意见。既然获得了全家的支持，大哥本应该奋发图强地搞好药铺生意，照顾、帮扶弟弟们，毕竟父母已逝，大哥这个大家长是不能白当的，然而不仅没有，他反而很看不起杨金山目不识丁，更是经常以新凤霞学戏为耻，认为学戏败坏了杨家的门风。

杨金山大哥的药铺生意一年不如一年，最后关门大吉。于是某年的年关，大哥常来杨金山家里“拜会”，坐在炕头生闷气，一句话也不说，一坐就是一天。每当如此，杨金山就会叹口气，手伸到怀中摸啊摸，掏出几张温热的钞票塞进妻子李玉珍手中，示意她交给大哥。大哥翻眼看着李玉珍，把脸一扭，转身出了门，杨金山接过妻子递来的钞票跟了出去。杨家长子自诩读书人，读书人是不能与戏子为伍的，李玉珍陪着新凤霞去唱戏，她给的钱不能碰，戏子挣的钱“脏”。杨金山也不与他争辩，把钱递给他，默默回了屋。杨家长子把钱揣进怀里，对着杨金山的背影摇头叹气，怒其不争。

杨金山还是每天起早贪黑靠卖糖食养活全家，李玉珍和新凤霞则是极力节俭、打零工，每个月省出十五元的学戏费用。杨金山每天天不亮就已出门，新凤霞每天也在此时醒来，第一个动作就是摸摸自己的枕头下面，摸到了钱便证明父亲生意不错，今天一天全家的生活费就有着落，她便能高兴地起床，拿了面口袋直奔面铺，买些杂合面就是顶香的晚餐。摸不到，也要起床，出门喊嗓，顺便捡些煤核回来方便父亲熬糖浆用。有点儿时间，新凤霞还会帮着父亲一起制作糖葫芦。“父亲教我在石板上甩出‘糖风’来，那是在糖葫芦尖上薄薄的一片糖。过年的糖葫芦，要甩出长长的糖风。父亲甩的糖风可漂亮了，好像聚宝盆上的光圈。父亲说：‘我的糖葫芦糖蘸得均匀，越薄越见功夫，吃一口让人叫好，蘸出的糖葫芦不怕冷、不怕热、不怕潮，这叫万年牢。’”父女俩坐在院里，新凤霞将削好的签子递给杨金山，杨金山总会和新凤霞念叨，做人做事就得万年牢，靠得住。

养母李玉珍是农村人，十几岁时给杨金山当了童养媳，童养

新凤霞与母亲

媳的家庭地位和丫头不相上下，甚至可能还不如丫头，这样的生活反而让李玉珍养成了坚强、泼辣的性格，因为不反抗就面临着在沉默中“消亡”。

李玉珍的坚强放在如今，常人难以想象。每次临盆，李玉珍自己打了热水，让新凤霞准备好白矾、棉灰，然后把家人都赶出去，关上门，不大会儿工夫，婴儿呱呱坠地，李玉珍也下床开始干活，一如平常。李玉珍生了七个孩子，四女三男，因为生病没钱买药，一共活下来五个，早夭的两个都是男孩。李玉珍悲伤之余，手里的活计从来不曾停下。其实在旧社会，哪有什么坚强，不过是被生存逼得连悲伤的余地都没有。

有一阵，夫妇俩带着全家租住在天津南门外大街的一个小院，“包租婆”时常来串门，热情地嘘寒问暖，主要是关心杨金山的生意经营得如何，她也好随时涨房钱。临近年关，杨金山借了本钱，囤了大量的货，想趁着过年多赚点儿钱。也算运气好，采购了原料，竟还剩下些钱。杨金山没有想着把余钱退回去，他看着破破烂烂的小屋，找了裱糊匠，把屋里糊得四白落地，花顶棚，又镶了新玻璃，新年新气象，一家人站在屋当中，有了那么一丁点儿幸福感。“包租婆”上门收房租，看着气象一新的房子和一家人幸福洋溢的面容，瞬间被这种和美的气氛所感染，她决定涨房租，而且立即生效，马上就要。杨金山的嘴一开一合，只有动作没有声音，半天才缓过来，指着满院的原料，指天发誓说钱是借来的，货卖了，马上把房租送去。“包租婆”不听这一套，“大过年的，你一家幸福和美，我不为钱，我就是沾沾喜气，要么给钱，要么现在就搬家”。杨金山好话说尽，“包租婆”岿然不动，母亲李玉珍发了狠，一把推开杨金山：“你这房钱月月涨，比阎王账还厉害！我们是串房檐的，花钱住房，哪不能去？！”转头看向丈夫：“不用跟她说那么多，搬就搬！”李玉珍风雷般的性格，着手开始搬家。杨金山边收拾边嘟囔：“大年下的，这不是欺负人嘛。”李玉珍一声不吭，等一切收拾妥当，抄起一把铁钩子，又用衣服蒙了头，先爬上窗台，好端端的花顶棚被她几下拉了下来，随后蹦下地，双手不停撕扯墙上糊好的白纸，所有的新玻璃也被她用铁钩敲得粉碎。“包租婆”被她这种气势镇得一个字也说不出，李玉珍“打砸”到哪儿，“包租婆”便默默地挪开。李玉珍双手直抖，铁钩子“当”的一声掉在地上，“这是我们的钱！不要了，我就撕下来，我换的玻璃，我就要砸了它，我当花钱听响！欺负我，就不行！”童养媳的委屈、屈辱，似乎在这一瞬都发泄了出来。今晚住哪儿，似乎也不太重要了，有时候忍无可忍便无须再忍，哪怕只是一时的外强中干，比起懦弱到底还是好些。

或许因为自己童养媳的身份与新凤霞被拐至天津的命运有了共情，李玉珍搂着年幼的养女新凤霞：“凤儿，我护着你，没人欺负得了咱们！咱们就得咬紧了牙，争口气！”新凤霞十三四岁由母亲带着去塘沽演戏，后台天天有散兵游勇来捣乱，其中一个跟日本宪兵队勾结的老汉奸打上了新凤霞的主意，李玉珍时时提防，护着新凤霞寸步不离。那时新凤霞的母亲在后台给整个班社做饭，散了夜戏有一顿棒子面粥，俗称“保命饭”。这天，李玉珍和新凤霞提着一大桶刚煮得的热粥吃力地往后台挪动，老汉奸装作喝了酒，故意撞翻了粥桶，滚烫的棒子面粥粘了李玉珍一腿，拍也拍不掉，烫得她钻心。老汉奸于是趁机忙不迭地就要新凤霞跟自己去取药，李玉珍冲老汉奸笑着说没事，紧紧拉住新凤霞不让她跟着去，老汉奸看着没办法，悻悻地走了。李玉珍忍着痛数落新凤霞：“你傻呀！这要去了，你还回得来嘛！”

天津解放时，经受过战乱、流离的百姓们对“大兵”全无好感且带着强烈的恐惧。国民党撤离前利用舆论对共产党进行的攻击也让百姓们对共产党产生了误解。“枪声住了，母亲叫父亲出去看看，父亲一向胆小怕事，说：‘我不去……’”李玉珍多年跑江湖的经验并不白给，她想了想，抱起新凤霞的五妹去了东马路，就要去看看，所谓眼见为实。马路上那些才进城的解放军，身着灰色棉裤棉袄，头戴大皮帽子，一条线似的坐在地上，身上全副武装，等待着进一步的命令。队伍坐在马路中间，李玉珍看着一点儿也不害怕，故意抱着孩子穿过解放军的队伍过马路，解放军立即站起来让路。这怕是十几年来她见过最有礼貌的“大兵”了。解放军见她抱着孩子，还搀扶着李玉珍过了马路。街道两边站满了看热闹的老百姓，过了马路，李玉珍也没走，抱着孩子一屁股坐在马路牙子上。新凤霞的小五妹哇哇大哭，李玉珍还是不走，镇定自若地哄着孩子。一个年轻的解放军过来说：“喝水吧。”递过一个小水壶来，打开盖子让她给孩子喂水喝。李玉珍谢过了这个年轻人回了家。还没到家门口儿，胡同的大娘、二婶子就都围上来打听情况，问：“看见了吗？”“共产党大兵都坐在马路上……”李玉珍难得地笑了：“看见了。可别听他们说什么‘穷八路、共产党、共产、共妻、杀人放火……’我可看见了，这些‘大兵’可真是好人哪！”

亦师亦友杨金香

在新凤霞艺术道路的前半程有两个极为重要的亦师亦友的人物，第一位是杨金香，第二位是小白玉霜。

杨金香是新凤霞二伯母（二伯父的继室）买来的养女，本来是要进班子接客的，亏得二伯父端详了小金香，随后劝了自己的妻子，要金香学了京剧。杨金香不负众望成了有名的刀马旦，功夫好，扮相英飒，竟还有些俊朗，男女通吃。

同样是养女的新凤霞境遇与杨金香相似，素日两人感情极好。新凤霞六岁时便跟随杨金香学习京剧，虽然一开始只是演个猫形、狗形，但杨金香对新凤霞也非常严苛，也正因这份严苛，新凤霞幼时打下的基础才极为扎实。杨金香是她的姐姐、启蒙老师，更是她幼年崇拜的对象。崇拜归崇拜，新凤霞却又是个主意极正的人，幼年时便有端倪，她的身上甚至有了某种现代女性的觉醒，这种近乎独立意识的萌芽在生长于旧社会的女性当中极为罕见，尤其在新凤霞出身贫苦、目不识丁的情况下。哪怕是见多识广的杨金香、小白玉霜这样的名伶，台上光鲜，台下生活、婚姻都极为不幸，身边的诱惑、背叛、利用，犹如家常便饭，其中当然有班主、渣男们的威逼利诱，另一方面受旧社会封建礼教中男尊女卑观念的束缚也是主因。

杨金香扮相、身段俱佳，本可在舞台上大放异彩，可惜年纪轻轻就染上了毒瘾。不过是一次胃疼，班主就拿出大烟泡，说是吃了便能缓解疼痛。结果不久便断不了，不仅断不了，后期还抽上了“白面儿”。其养父母用上所有手段也未能助她戒断，而之所以严令戒毒又有很大程度是希望延长杨金香的舞台寿命，以借此赚取钱财。年幼的新凤霞彼时还不明白大烟泡为何物，但也懵懂地偷偷为杨金香跑腿购买，到了卖大烟处，付了钱，小手比个抽烟的手势，窗口里就递出一小包。此时的杨金香已被家人关进了柴房，新凤霞捧着小包胆战心惊地走进二伯家，还没等到柴房就被二伯母发现，小小的身形像定住一般，不敢回头。二伯母见自己的“摇钱树”还是死性不改，满腔怒火全都发泄在了新凤霞身上。一把薅住孩子的头发就往门上撞，年幼的新凤霞又知道什么呢？不过是觉得姐姐吞云吐雾时脸上会有一丝难得的平静。

二伯母打骂小凤霞并不是第一次，平时还逼着她给自己无偿劳动，新凤霞的养母李玉珍平时是很护着新凤霞的，但这次看到伤痕累累的新凤霞，她却没有选择率先找二伯母发飙，反而也严厉地教育了新凤霞。在又一顿传统教育之后，李玉珍告诉新凤霞，“如果沾上这口儿，那么永远都不可能再登台唱戏了，所以你要不要唱戏，你自己想好”。后来，某个班主也曾用大烟泡故技重施在新凤霞身上，新凤霞避之犹恐不及。正是李玉珍对新凤霞的严厉教育和步步跟随，才令旧社会出身的演员新凤霞的戏班之路没有那么黑暗，“出淤泥而不染，濯清涟而不妖”，新凤霞是当之无愧的。杨金香、小白玉霜、新凤霞都是养女，养父母的态度却截然不同，李玉珍是新凤霞的贵人，新凤霞坚定的性格或也与养母李玉珍有极大关联。

新凤霞看着日渐消瘦、反复戒毒失败的杨金香，她不明白为什么非常简单的选择，自己崇拜的大英雄却一次次地走了歪路，轻易地放弃了舞台。事实是杨金香每次戒毒，散戏后总有老爷、太太请她去耍，她并不能拒绝，她的养母、戏班经理也不会给她拒绝的机会，“白面儿”社交通常又是不能避免的环节，杨金香在新凤霞面前的坚强、严厉并不能使用在自己身上。

因为杨金香日渐衰弱，已不太可能登上大舞台演出，二伯全家决定迁出天津，杨金香也被嫁与他人做了二太太。杨金香的离去让新凤霞第一次认识到，她心目中的大英雄也一样只是刀俎上的一块肉，一样的没有自由，也一样有着嫁鸡随鸡、嫁狗随狗的无奈。看着杨金香离去的背影，新凤霞发誓，要选择自己的道路，主宰自己的命运。

杨金香终生未有所出，新凤霞曾见过一次姐夫，舞台上英姿飒爽的刀马旦对丈夫低眉恭顺，终于活成了标准的三从四德的模样，卑弱、谨慎。

小白玉霜

小白玉霜是白玉霜买来的养女。白玉霜的脾气很大，新凤霞亲眼见过只因小白玉霜戴错了头面，白玉霜劈手就是一个耳光。这也让新凤霞第一次认识到，养女也分三六九等，花钱买进来了，可以随意作践。小白玉霜像是什么事也没发生，只是在新凤霞上前安慰的时候，一把推开了她。新凤霞在当时感受到了小白玉霜的无助和自己的渺小。

新凤霞十来岁便与小白玉霜相识，两人一起登台演出，小白玉霜长新凤霞十岁，一直对她多有照顾。小白玉霜应该也算新凤霞的姐姐了，又或者新凤霞在她身上也看见了一些杨金香的影子。

白玉霜之所以对待小白玉霜如此粗暴，因为她最早也是被她的“养母”胖李奶奶买来的。最早胖李奶奶的规划甚至是把白玉霜卖到妓院，白玉霜自然不愿意，被打骂只是基础日常。后来她发现白玉霜嗓子好，有唱戏挣钱的能力，白玉霜这才幸免于难。但是在胖李奶奶手下唱戏只是一部分，唱完戏被逼着“社交”才是重点工作，为了自保，白玉霜的性格越来越泼辣，似乎稍微“善良”一点，就会遭遇更多的欺辱。即便如此，白玉霜还是年纪轻轻就患上了严重的妇科病，确诊子宫癌，性情也越来越差，开山立派的一代名角白玉霜最终在舞台上因大出血去世。

小白玉霜在白玉霜去世之后，担起了主角的担子。由于之前一直给养母配戏，所以也确得白玉霜真传，声音条件虽比白玉霜略窄，但她悟性颇高，所以很快便成为白派继承人，班社里的老人称白玉霜为“大白”，称小白玉霜为“小白”。

小白玉霜脾气大这一点与其养母并没有太大不同，或许她也从小冷眼旁观，在那个戏子是“下九流”的旧社会，不能展现脾气，便是软弱的表现，那是要受人欺负的。而另一方面，对待小演员，可能正因为从小所受非打即骂，所以她对青年演员反而多有善意，知道体恤。她曾经推搡过安慰自己的新凤霞，但那只是一种自我保护的表现，底层逻辑无非是“你不要可怜我”。实际上她对新凤霞非常仗义。

两人合作演出义务戏，她处处照顾着新凤霞。当时新凤霞还是个小演员，名角小白玉霜却愿意跟她搭配，并给了她很多机会。《打狗劝夫》里主要唱段是张氏和桑氏劝夫劝兄的唱段。小白玉霜演张氏，但她刻意要提携新凤霞，便要新凤霞留下来别走，去接桑氏劝兄一段，当时的新凤霞也认为自己接不住小白玉霜的场。小白玉霜告诉她，就得接这么重的担子，机会来了不等人。甭管有没有准备好，那也就是她了。小白玉霜下了戏也不走，把着门帘儿看新凤霞的这场戏，也就是所谓的给她“把场”。这场戏演完，新凤霞的自我评价是“接得不坏”。在她那个十几岁的年纪能够把小白玉霜的场接得不坏，行内外认为已经算是红了。此后，新凤霞也开始自己唱张氏。由于新凤霞的学戏历程比较复杂，所以她经常将其他剧种的唱法融入评剧，很多守旧派对此多不以为意，冷嘲热讽的人不在少数。这时是小白玉霜鼓励她，支持她自创风格，还亲自给她化妆，新凤霞对此不胜感激。

小白玉霜曾告诉徒弟小白霜：“你知道咱们白派和新派有什么区别吗？新派是疙瘩腔，白派是面条腔，疙瘩腔有气口，听起来唱腔圆润无瑕，似琉璃、玛瑙一般；面条腔没有气口，听起来绵延悠长，哀婉幽怨。”这段评论充分说明小白玉霜和新凤霞的姐妹情，小白玉霜不善嫉，在当时将白派和新派放在一处相论，对年轻的新凤霞来说是一种提携。

后来新凤霞每演《打狗劝夫》，只要有小白玉霜的对台，她便不演张氏，唱回桑氏。

新凤霞与小白玉霜

唱戏的服装、行头都非常昂贵，年轻的新凤霞负担不起，逢年过节有些大戏，没有装备的新凤霞就显得有些窘迫，又是小白玉霜主动告知：“你演的戏，我不演，衣服你拿去穿。”《苏小小》一出需要的凤冠、蟒都由小白玉霜主动出借给新凤霞。有次二人分别出演《棒打薄情郎》《苏小小》，都需要穿蟒，小白玉霜为了让新凤霞穿蟒，改了自己的戏。

新中国成立后，新凤霞的每出戏，台下都有小白玉霜的身影，散戏后两人便进行复盘讨论。《会计姑娘》中的“枣红马”“忆苦思甜”便是小白玉霜出主意给加进去的。小白玉霜认为自己唱青衣合适，新凤霞年轻，本工又是花旦，所以《小女婿》一出，小白玉霜便主动提出新凤霞演更合适，自此以后，小白玉霜也从未再演出小旦戏。新凤霞则觉得《秦香莲》是小白玉霜的拿手戏，她更适合，所以新凤霞此后便不再演出《秦香莲》。

1958年，被错划为“右派”的新凤霞与小白玉霜合作演出《金沙江畔》中珠玛和红军金秀相遇一场，新凤霞饰演的珠玛上场，要走一个抢背，表示从马上摔下来。由于丈夫吴祖光被错误定性，此时正在劳动改造，加上自己每天都要接受审查，新凤霞精神恍惚，在台上走了神，一个抢背摔伤了肩膀。小白玉霜正在上场门候场，看到这一幕，于是上场后的唱词似乎有了双重含义："珠玛呀！有什么心事对我讲，莫不是思念家乡想老娘？"小白玉霜扶着新凤霞，二人对视，新凤霞感受到了些许安慰。过门儿中，小白玉霜轻轻地说："熬着吧，会好的。"这段戏本意便是珠玛哭诉，金秀安慰。而在此刻，两人都爆发出了真实情感，舞台上的宣泄赋予了这段唱词和表演另一种含义。下了戏，小白玉霜找到了新凤霞，往她手里塞了一大块巧克力糖。自此以后，小白玉霜总要约上新凤霞吃饭，两人走路也要让新凤霞走在前面。不是你的错，那就昂首挺胸。

“文化大革命”期间，小白玉霜与新凤霞在一处劳动，小白玉霜的身子弱，新凤霞就多帮着她些。小白玉霜想抽烟，新凤霞就帮她把门；小白玉霜无法负重，新凤霞就趁着别人不注意，托一把，将一块巧克力糖塞到她的嘴里，也许那是新凤霞最后一次看见小白玉霜的笑意。

新凤霞被关押监视期间，小白玉霜因不堪受辱，服下大量安眠药，被送至医院后，诊断书上只有八个字“黑帮分子，不予治疗”。小白玉霜躺了三天，不治而亡，据说临死前，她在手心里写了两行字：

“我没有文化。”

“你们还欺负我。”

义父齐白石

吴祖光很喜欢热闹，朋友不仅数量多，而且跨界，还能忘年。婚后他时常带着新凤霞参加文艺界的各种聚会，新凤霞也因此认识了大量戏剧界乃至书画界的朋友。其中最特殊的便是齐白石老人。新凤霞是白石老人正式下跪磕头的干女儿，同时也是白石先生亲传的八名女弟子之一。

两人的缘分起于吴祖光举办的“敬老”宴会，贵客名单一时无两：齐白石、于非闇、欧阳予倩、梅兰芳、夏衍、老舍、阳翰笙、洪深、蔡楚生等。新凤霞婚后的原则一贯是“祖光高兴我就高兴”，而且还愿意帮着跑腿张罗。这样一来，“主办方”就从吴祖光扩展到了黄苗子、郁风夫妇和盛家伦这样的“铁三角”组合。开宴当天，到场主宾中年龄最小的是吴祖光，而新凤霞又比吴祖光还小十岁，在众人眼中，已经唱响全国的名角新凤霞成了名副其实的“黄毛丫头”和现场服务员。

齐白石与新凤霞

白石老人年事已高，由他的看护武大姐陪同到场，新凤霞又陪着武大姐把白石老人搀扶上座。梅兰芳先生恭敬立身鞠躬："老师。"新凤霞这才知道，梅兰芳先生也是齐白石的弟子。

白石老人与众人一一打完招呼，眼睛就停留在新凤霞身上，目不转睛地就这么看着。新凤霞是舞台演员，早已习惯，于是也就这么回看着白石老人，爷俩儿就这么大眼瞪小眼地足有一分钟。陪护来的武大姐有点忍不住了，于是用手指戳了戳老爷子，小声说："你总看别人做什么？"白石老人本就是老小孩儿，这一下就生气了："我这么大年纪了！为什么不能看她，她好看！就看！你先告诉我为什么戳我？"新凤霞赶忙打圆场："您看！我是演员嘛，不怕叫人看。"吴祖光也笑着哄他："您看吧！您看吧！"这一屋子的人都笑了，黄苗子、郁风夫妇接茬说："老师喜欢新凤霞，就收她做干女儿吧。"白石老人这下高兴了，更高兴的是新凤霞。于是在众人的见证下，新凤霞正式给齐白石行礼。散席后，白石老人反复叮嘱新凤霞，要她和吴祖光第二天一定去家里。

转天，两人起个大早，来到西单跨车胡同齐家，还未进屋，门房老尹就向吴祖光招手了。两人跟着老尹先进了他的屋，吴祖光介绍新凤霞与老尹认识，老尹笑嘻嘻地给他们一人斟了一小盅茶，新凤霞喝了一口，禁不住问："尹师傅，你这茶叶得多少钱一两啊？"老尹得意一笑："不贵，六毛钱。"茶好喝，全是泡茶的工夫，齐家门下深藏不露啊！喝了茶，老尹转身从里屋取出一叠画铺在桌上，吴祖光已是很熟悉这个流程，专心挑选。新凤霞后来得知，老尹原是宫里的太监，孤寡一人，懂规矩又不爱出门，齐白石便聘他来当门房，这每个月可不给工钱，只给一张画，逢年过节则是两张。所以齐家来客，懂行的或是老尹看得上眼的人都会先来他屋里喝茶、选画。吴祖光对新凤霞说："老尹那里真是有好东西！"

齐白石与新凤霞

出了老尹的屋，由武大姐接应引到齐白石面前。白石老人见了两人，高兴得左看看、右看看，非常喜欢这一对璧人。白石老人忙着招呼两人坐下，又费了半天劲从怀里摸出一大串挂在脖子上的钥匙，打开身后一个做工古朴的中式大立柜，里面藏的是一盒盒点心。白石老人拿了一盒又一盒，全部打开，催促着两人快吃。请吃柜里的点心，可不是随便一个齐家客人都可以享受到的待遇。这在北京城里也是一个著名的典故，所谓"齐白石家的点心能看不能吃"，因为拿出来的点心都已经干、硬，而且有些点心上已经发霉长毛了。白石老人时年已九十有二，点心的好坏、能吃与否，已经不重要，重要的是，他认为值得的人才会拿出食盒招待，齐家的点心已经变成了一种仪式感。

白石老人又从柜中拿出一卷画，都是四尺整张的白纸，每一

齐白石画作《红叶秋蝉》

张上都趴了几只他的代表名作——草虫、蜻蜓、蝴蝶、知了、螳螂等等。他让新凤霞挑一幅，新凤霞有眼力见地只拿了最上面一张，画的是知了。老人将纸铺好，提笔补了一枝秋天的枫树，夏日的知了化为秋蝉趴在枫树上，红枫秋蝉，布局精彩，趣意盎然。老人又给上了题跋：“祖光凤霞儿女同宝，壬辰七月五日拜见，九十二岁老亲题记。”这张画在“文化大革命”期间被“造反派”抄家抄走，“四人帮”被粉碎之后，退回给吴祖光、新凤霞的书画十有一二，其中这幅《红叶秋蝉》竟奇迹般地回到了两人手中，并由后人保留至今。

“这是见面礼啊！走，咱们吃饭，吃饭，我请客！叫上人，昨天那些人，都叫上。干闺女回门，干老子请客。”白石老人送了画，兴高采烈地要武大姐给找了身新衣裳，又让门房老尹叫车，大家一起去西单的湖南曲园饭馆。吃了饭，白石老人发现吴祖光已经提前把账结了，老小孩儿的脾气又犯了起来，好一通生气。后来白石老人又拉着夫妇俩请了几次，都是在曲园。齐白石是湖南人，曲园的湖南菜正宗，盘子特别大，辣椒也特别辣。

过了几天，刘金涛给新凤霞送来一个大大的信封，刘金涛是裱画匠人，手艺高超，是齐家的座上宾，也是吴祖光的好朋友。信封上写了吴祖光的名字，打开却是一张宣纸的信函：“桐花十里丹山凤，雏凤清于老凤声，名为新凤霞，字为桐山。九十二岁白石老人。”

自此新凤霞字桐山，号桐山夫人，这在多幅白石老人所赠画作中均有体现，其中最有意义的一幅作品是由齐白石作画、徐悲鸿题字赠予新凤霞的扇面，其上亦书“桐山夫人”。此后，新凤霞有假或不演出的时候就经常前往齐府探望老爷子，白石老人也说，有凤霞在旁边的时候，他就画得特别好。

某日，新凤霞又去拜会义父，刘金涛也在。老爷子画好一张，来了兴致，送给新凤霞一支笔，又叫刘金涛铺好纸：“凤霞，你随便画，想画什么就画什么。看看你的胆量。”新凤霞接过笔，画她是没有画过，但是小时候经常剪纸、画画样。于是提笔就敢在纸上抡了起来，新凤霞画的是只兔子，其实还是在画剪纸的画样。刘金涛拿起纸跟白石老人说了好话：“有点意思啊，您看这兔子的小脚，这耳朵，比例都还对着呢，拿笔也稳当。”白石老人也是爱屋及乌：“也行。兔子的皮毛画得很轻松的，这个胖兔子怕是跑不快。”不管如何，新凤霞在画界初试啼声，即获得白石老人的认可，不管这种认可是否尚需商榷，齐白石还是正式收了新凤霞为弟子，新凤霞也正式开始了她的书画人生。

齐白石教新凤霞画画是认真的，所有男女弟子一视同仁，每周每人一张示范画，各人拿去临摹，周末拿来周评。除了实践还有理论：“画画也是画骨气，画出神态，画出性格。画牡丹要画出雍容华贵，富丽堂皇；画梅花要画出主干的铮铮铁骨的气节来，画桃，要丰满热情。一张纸铺在那里，不要急着动笔，先设计好整个构图，轻重疏密都要心中有数。”新凤霞也在白石老人的教育熏陶下，真正爱上了绘画。

齐派的艺术跟过去的文人画略有不同，齐派艺术讲求红花墨叶，强烈的色彩冲击，犹如儿童画一样带着丰富的色彩想象，稚趣天然，让人很舒服。这种稚是稚雅的稚、稚气的稚，女性便很容易会喜欢齐白石这种派别，相比一个简简单单的素雅石竹，女性会更倾向于花叶繁盛和色彩鲜艳的牡丹、寿桃、荔枝。所以新凤霞特别喜欢齐白石的这些题材。

在正式教画授课之前，白石老人带着新凤霞去了他书房后的一处空地，那里有用砖砌的圆形小神龛，里面有一个牌位写着齐白石发妻的名字。齐白石招手要新凤霞鞠躬见礼，新凤霞深深地鞠了三个躬。齐白石也在她的搀扶下三鞠躬。老人盯着牌位，像对新凤霞，又像对自己说：“这是你去世的干娘。每逢初一、十五，我都要来看看，以后你也来。”

白石老人随后通告家人，从老尹开始称新凤霞为小姑姑，最小的儿子铁根称新凤霞为姐姐。齐白石的大女儿自湖南探望齐白石，彼时齐白石的大女儿已年近七十，满头白发，齐白石要新凤霞叫她“大姐姐”。

1957年“反右”，吴祖光、新凤霞夫妇遭遇非人待遇，吴祖光被下放北大荒，新凤霞“戴罪”演出的同时拉扯着三个孩子。白石老人把新凤霞接到家中，默默无言，半晌，白石老人缓缓起身，再一次打开了那个大柜门，拿出点心，一盒一盒摆在新凤霞面前。随后拉开了柜中的一个大抽屉，里面摆满了一捆捆的钞票，那是他多年卖画的积蓄。

“凤霞，吃点心，拿钱花。”

“义父，我不缺钱用，您把柜子锁上吧。”

那次的对话十分简短，父亲能为女儿做的也就是这么多了。那天刘金涛和新凤霞一起离开，路上，刘金涛也说了一句话：

新凤霞与齐白石、徐悲鸿等人

“凤霞，你是个好人。”新凤霞回答：“这也算好人，那好人就太容易了。”

也是在这一年，可爱的、重感情的老画家齐白石先生患病去世，由于吴祖光、新凤霞夫妇被错划为“右派”，两人均未能出席葬礼送老爷子最后一程，只能委托刘金涛送去大花圈，表达了一点点父女之情。

师长挚友老舍先生

说是为了写作找灵感“踩点”也好，出于好奇心爱逛也好，天桥是老舍先生最爱的去处，也是新凤霞演戏的万盛轩所在之地。新凤霞与老舍先生的初识是赵树理先生介绍的。那天三人在天桥早点摊喝完豆汁儿，新凤霞就赶去万盛轩扮戏，老舍先生和赵树理先去逛天桥，约了一会儿去看新凤霞的早场。

不多会儿，演出开始，戏码是赵树理先生的《小二黑结婚》，新凤霞一上场就看见这二位规规矩矩地坐在前排条凳上，很是显眼。幕间休息，赵树理先生有事先走，老舍先生来到后台，双手抱拳跟大家道了辛苦，演员们纷纷回礼致谢。老舍先生出口就是好词儿：“你叫新凤霞，是新社会的演员，又唱出新腔调，你可是占了好几个‘新’哪！”“您说话真有趣，不像我大字都不识几个。”新凤霞爱听老舍先生说话，每句话都跟台词似的。“这可是不行，读书认字还是要的。”老舍先生说这句话，透着严肃了。“简单的字能认得几个，写是全不会。”新凤霞也正经地回答。“学呀，有了文化就能看书，看书也能提高你的艺术水平。最不济，以后不能唱戏了，拿起笔来能写呀，你也当个作家。”新凤霞笑了，心里没当回事：“就我，还当作家？”“喜欢天桥吗？”老舍先生问。新凤霞刚要回答，老舍先生自顾自地说开了：“天桥好哇，藏龙卧虎，五行八作都有能耐，要我说，天桥是最好玩的地方。”两人在这儿聊着，剧团的演员拿了个小册子过来：“凤霞，你写多少？”

老舍先生是有名的“好奇宝宝”，顺着老舍先生询问的眼神，新凤霞解释了一番。剧团时有演员遭了坎，生活困难，后台的人都有给对方凑份子渡过难关的习惯，每人出多少，给记一笔，受了恩的人回头想感谢也好找正主。老舍先生立刻打开钱夹：“来来，给我也写上。”“不用，您不是剧团的人，没这义务。”新凤霞推脱着。“谁说的，我这不就在后台呢嘛！给我写上二十元。”老舍先生拿出钞票递到新凤霞手里。“那，给您留什么名儿呢？”新凤霞也是痛快人，不再拒绝。“给我写仨字，一龙套。”

从这以后，老舍先生来天桥必来万盛轩后台探望大家，有时候也请演员们出去吃点小吃：爆肚、茶汤、豆汁、艾窝窝、老豆腐加蒜泥，换着花样地吃，把整个天桥小吃摊吃了个遍，基本到哪儿都能混个脸熟。来天桥跑买卖的人都逃不过他的“魔掌”，有回生生买了一堆干辣椒到处送人。遛弯儿累了，老舍先生有时会到新凤霞家里歇个脚，甭管人在不在，二姨总是在的，老舍先生就坐在院里跟二姨聊天。两人说话也跟对台词一样：“您戴着眼镜、拿着手杖像个算命先生。”“您说对了，我是会算命，我算您就是好命。凤霞出去，您跟着她准享福。”“您泼水干吗？”“北京风大，怕起风刮您一身土。”“不怕，我是土生土长的土包子。”

老舍先生来天桥多了，跟后台演员打成了一片，可他发现只有一个人对自己不理不睬。老舍先生几次故意从他眼前走过，他就像没看见一样。后来一打听，这位是真的看不见。盲乐师叫全大有，笛子、喇叭、弹弦子、拉琴样样精通，可就是看不见，也不爱说话。这天新凤霞还没扮戏，老舍先生就兴奋地跑到后台：“凤霞，我今儿是坐‘当当车’来的，头一回，我想问问，那位全大有在吗？”敢情老舍先生这回不是来看新凤霞的，是专程来看全大有的。人给找来，还有些诚惶诚恐：“先生，我看不见，给您添麻烦。”“哪儿的话，我今天早来，就是专门看看你，你家住哪儿啊？离这儿远不？”不管老舍先生是否有意为之，全大有此后，常去“当当车”车站等候，一听出是老舍先生的脚步声，老远就打招呼：“老舍先生您来了啊？”旧社会过来的很多艺人要求其实并不高，你只要拿他当人看，他就会在车站等候，只为了问您声好。

有一年农历腊月二十三，老舍先生到了后台，手里捧着一大包刚买的糖瓜，刚说没两句：“凤霞，天桥就是这样好，想买什么有什么，你看。”后台演员“呼”地一下就围上来了，糖瓜瞬间被瓜分见底。老舍先生看着见底儿的纸袋：“糖瓜。”糖瓜秒没，话也绝不能掉在地上。老舍先生看着众人吃着糖瓜，问道：“小年你们也不封箱啊？”新凤霞摊了手：“我们得挣钱呀，封箱就是封嘴！”

老舍先生说：“今天是我生日。”没想到一会儿后，他发现新凤霞在墙角直流眼泪。新凤霞幼时从苏州被卖到天津，身世悲惨，完全不知道自己的生日。老舍先生就对她说：“不要紧。你有生日，你的生日就是腊月二十三。”新凤霞一辈子过生日都是在腊月二十三，爷俩儿也经常一起过生日。

老舍先生的经典话剧《茶馆》的原型通常被认为是北京著名茶馆——裕泰茶馆，其实在天桥，老舍先生还经常跟新凤霞一班演员去二友轩茶馆“玩耍”。二友轩茶馆可以边喝茶边听玩意儿，名演员不少，相声演员侯宝林、河南坠子名家赵美霞等都在二友轩演出过。二友轩楼上有雅座，只是新凤霞、老舍先生一行从不上去，只愿意坐楼下，老舍先生的说法是：“太累，喜欢楼下，不上雅座。”伙计们都愿意伺候这位自己带茶叶的体面先生。

往往众人坐定，大家就央着老舍先生说故事，老舍先生也爱扎堆，讲了几个“雁过拔毛”“经手三分肥”之类的捎客的段子后，围拢来听的人就越来越多。有茶客听了，似是被说了痛处，不大乐意了：“这位体面先生不能在这儿胡言乱语啊！你说得比唱得好听，这是本事！我们这些人就是无本取利、空口白牙的说客，这也是本事！靠三寸不烂之舌喝西北风挣钱，不说成吗？我们那点钱还真是说出来的。”“哗”地一下，引来了好多人起哄，老舍先生反应也快：“好！几位先生都是能人哪！说客也好，空嘴白牙也罢，钱挣下了就好，可大伙都是君子，君子取财有道哇！”几句话又把大家说得高兴了。新凤霞也会打趣地问老舍先生：“那您是做什么生意，在何处发财呀？”“和你们一样，靠嘴、手，写呀写呀，写出钱好吃饭。你唱戏给人听，我写给人看，都一样。”

新凤霞什么都跟老舍先生说，老舍先生也爱问。及后，凤鸣剧社改制首都实验评剧团，新凤霞也是请教了老舍先生，那时她在天桥已经打响了名声，收入很多，多到开始用麻袋装钱。剧团里很多人建议分红，把钱分了。老舍先生却建议新凤霞，既然建团，总得有团址，首都实验评剧团不能连个团址都没有，大家还是有戏就聚，戏散人散，排练、开会这些日常工作也没有固定场所，那跟旧社会戏班没什么区别。新凤霞听了老舍先生的话，选好了房子，评剧团才算落脚。为此，老舍先生还专门送了新凤霞一个水晶图章方便她买房时使用。

等到吴祖光回到北京，老舍先生又专门把两人拉到一起，做了这对夫妻的媒人。

拜师梅兰芳

新凤霞和梅兰芳的初次见面是在第一届全国戏曲大会演出期间，梅兰芳看了她的《刘巧儿》《打狗劝夫》，很是喜欢，他对新凤霞说："评剧演现代戏很好，配合形势很紧，创造现代人物形象很成功，这一点京剧表现现代生活就不如评剧方便。"

新凤霞谢过梅兰芳先生，又告诉他评剧移植了梅派的《凤还巢》，梅先生表示，1951 年他就看过新凤霞的演出，并指点了新凤霞几句。后来，吴祖光拍摄梅兰芳先生的《梅兰芳的舞台艺术》，

梅兰芳与吴祖光

梅兰芳（中）、欧阳予倩（右）与新凤霞

其间新凤霞经常前去探望梅先生，梅先生对新凤霞多有教导提点，其后梅先生更是高兴地收了新凤霞为弟子。“我收了很多学生，都是学生请客，这次是我请客！”

现场宾客很多，许姬传先生说：“现在不兴磕头了，三鞠躬吧。”新凤霞恭恭敬敬地给梅先生鞠躬，照了拜师相。

程砚秋的教益

在北京三庆剧院演出期间，新凤霞所在的首都实验评剧团移植了程砚秋的《锁麟囊》，反响甚好。那一时期评剧移植了很多京剧名剧目，有专家指出，评剧应该找到自己的发展方向。新凤霞和团里研究，评剧表达现代戏比较合适，于是准备着“转换跑道”，同时减少移植京剧剧目的演出，因此《锁麟囊》引来大批业内人士观看，包括马连良、荀慧生等先生。团里的很多演员都在想是否应该请程砚秋先生来观看？《锁麟囊》是程砚秋先生的名作，新凤霞是既想邀请程先生，又怕邀请先生来看。

程砚秋（中）与吴祖光（右）

这天散戏，团里的演员王秀文领着一位高大的中年人来到后台，可不就是程砚秋先生！新凤霞忙站起身："程先生，我把您的戏给糟蹋了！"程砚秋先生笑嘻嘻地看着新凤霞："你这么小哇？真是人小鬼大！还真不错，我一直给你鼓掌，今天来看戏，我不叫他们告诉你们，是王秀文发现了我，拉我过来。"新凤霞告诉程先生，她启蒙是京剧，程先生说："你的尾音甩腔有京剧小旦唱法，咬字干净，听起来新鲜，发展了评剧的唱法。"新凤霞又请先生给指出不足，程先生要了新凤霞的戏服来看："怪不得嘛，我说你水袖用得乱，你这软绸料子不行，水袖要用大纺绸，有分量，容易抖起，如果料子轻，就要缝上两副水袖。"程先生说着做了几个动作示范："你练练我看看。"

1956年，吴祖光执导了程砚秋先生的《荒山泪》，由于程先生身形伟岸，吴祖光将舞美用景全部放大比例，使程砚秋的角色形象更加贴合。新凤霞前去探班，程先生告诉新凤霞："戏曲演员创造人物的唱，一定要首先在演员头脑当中产生人物的音乐形象。这是演员塑造人物的第一步。"

程砚秋先生练拳，日军侵华期间，有日本人在火车站与程砚秋的班社起了冲突，被程砚秋制服，也是梨园界的一段传奇。

新凤霞与裘盛戎

有一段时间，新凤霞的评剧《锁麟囊》和程砚秋的京剧《锁麟囊》演出地点相隔不到一站地，被观众戏称为“打对台”。京剧名家裘盛戎听说后，便说：“听说天桥有一新凤霞抢了程砚秋半场戏，我得看看是什么样的演员。”看完了之后，裘盛戎回来跟谭富英就说了一句话：“新凤霞，该她红，以后还得红。”

抗美援朝期间，新凤霞与裘盛戎去朝鲜演出慰问，裘盛戎现场唱了几句评剧腔，令新凤霞惊异不已。

新凤霞与谭富英（右二）、裘盛戎（右一）、夏梦（左一）

新凤霞与马三立

1940年，在天津撂地说相声的马三立，经朋友介绍，和搭档耿宝林到宝和轩茶社登台表演相声。从撂地到登台，虽有了固定收入，但还得给老板交提成，这样剩下的收入就没有几个。那时候，为了多招揽观众，戏院在大轴戏开演之前，往往要加上一段相声。因此，他们决定到其他戏院赶场，再增加点收入。按当时的规矩，演出费由挑大轴的演员发付。经人介绍，马三立经常到东北角大观楼戏院和南市口中华戏院赶场。

中华戏院演的是评戏，挑大轴的是新凤霞，马三立每天在她的大轴戏前说一段相声。新凤霞很讲义气，她知道马三立的儿女多，日子过得苦，所以总是多给他一些钱。马三立从内心感谢，表演起来也总是格外卖力，拿自己最好的段子，给后头新凤霞的大轴戏压住场。

有一天，他说完相声，刚坐到后台休息，这天的大轴《孔雀东南飞》就要开演了，扮演刘兰芝的新凤霞化好了妆，刘兰芝的丈夫焦仲卿已上了场，可演刘兰芝婆母焦氏的演员却还没来。这下，前台、后台管事的都急了，不知如何是好，新凤霞也很着急。此时，新凤霞一眼看到了正在一旁休息的马三立，"三立叔好商量"，整个后台都知道。

"三立叔，劳烦您给扮个彩旦吧。"

"扮什么？"

“恶婆婆焦氏呗！”

“我可是‘棒槌’呀！”

“没关系，我给你‘攒锅’。”

救场如救火！马三立一边听新凤霞说戏，一边开脸儿、擦粉、画眉、描眼，穿上彩旦的行头。还未上场，马三立便随着锣鼓扭搭，瞬间找着了焦氏的感觉，一上场就是个挑帘红。之后大家都感叹，马三立的焦氏，难接！

友人黄苗子、郁风贤伉俪

吴祖光、新凤霞夫妇新婚后的一段岁月，居住在东单西观音寺的一所中式楼房里，楼房的后院有一块很大的洋灰地，四周都是花木。前院有几棵大树遮阴，方砖铺地。据闻此处原是程砚秋先生的房子，后院的那片洋灰地曾是他练功、排练的地方。与夫妇俩同住的还有黄苗子、郁风夫妇，楼上住着音乐家盛家伦。新婚第二天，吴祖光为了创作相关的文艺作品，去了石景山钢铁厂体验生活，临出发前，他拜托同住的黄苗子、郁风夫妇代为关照新凤霞，三人由此结下了深厚的友谊。

新凤霞还是每天唱戏，早晚也在那片洋灰地练功，黄苗子觉着好奇，同时也为了减肥，于是提出要陪练，而且非常认真。新凤霞跑圆场，黄苗子就跟在后面一起跑，汗流浃背，专业演员练多久，他就练多久。新凤霞保持着多年练功的习惯，早上5点起床开练，黄苗子是个夜猫子，所以基本上刚躺下没多久，就也起床跟着练功，没几天就坚持不下去了。有一天黄苗子下班回来，就说要吐，坐在院里的躺椅上半天缓不过来，吃了一整盘酥皮点心，像大病初愈一般。

有一次新凤霞出门，回家掏口袋，发现没带钥匙。黄苗子见此情形，便帮着新凤霞想办法，两人一通研究，唯一的办法就是翻窗。黄苗子个头儿也不高，但是比新凤霞高而且还胖，垫了两个凳子，两腿挣扎着乱蹬，好不容易翻了进去。新凤霞看见人已经顺利“潜入”，于是绕到前面等着开门，傻愣愣地等了十几分钟，音信全无。郁风此时也回来了，抬头就看见新凤霞站在院里自家门前，两人把话一说，摇头叹气。于是郁风也陪着新凤霞在门口等，两人歪着头，左右等不到黄苗子的音信，突然听到后院有个稚嫩的声音大喊：“快还给我！”新凤霞赶忙拉着郁风绕到后窗，原来邻居刘家有只小白狮子猫，非常可爱，黄苗子翻进屋，刚落地，就看见那只小白猫缩成一团，舔着嘴唇，也在惊恐地看着他。于是一人一猫居然就玩起来了，黄苗子先生也居然就彻底忘了进别人家的目的，直到刘家小姑娘出来找猫，从窗户里看见一个半大老头抱着自家小猫摇头摆尾，玩得不亦乐乎，这才急得大喊。

黄苗子是正宗的广东人，说着一口流利的“广普”，却极爱撇京腔，说话老带个“您”字。一次新凤霞带着朋友来找黄苗子，黄苗子一口一个半生不熟的“您”，搞得这位朋友也想多了，觉得黄苗子是在讽刺挖苦自己，于是也彬彬有礼地回敬：“‘您’是不是对我有什么看法呀？”黄苗子一脸莫名其妙。

黄苗子生活中童心未泯，艺术天赋、造诣却是极高，对艺术的追求达到了近乎迷恋的程度。有次新凤霞出门，看见黄苗子站在院里的一棵槐树下纹丝不动，好心上前询问，黄苗子也不看新凤霞，只是口中喃喃：“你看看树的影子，好像一笔笔的笔道，看！活起来了，这才是有生命的艺术啊！”

新凤霞质疑黄苗子不会骑车，黄苗子挺起胸膛言道：“不仅会，还能教。”新凤霞信了，于是两人推了车去西单练习。只见黄苗子推车，推着推着，连轱辘带车把，义无反顾地撞在右侧电线杆子上。扶起车，人又被车带着摔了个大马趴。新凤霞已经可以想见二十分钟后的自己，故面露惧色，推了车就往家跑。其后，据郁风

从左至右依次为：李苦禅、吴祖光、新凤霞（前）、刘金涛、黄苗子、郁风

同志说，黄苗子同志坚称自己会骑车，只是保护新凤霞同志练车，不幸负伤。

黄苗子也确实“搭救”过新凤霞。那是某天上午，青天白日，院里闯进来四个人，三男一女，进院就找新凤霞认亲，说是新凤霞的亲生母亲。新凤霞是苏州人，幼年时被拐卖至天津。来认闺女的“母亲”及“堂哥”们操一口“地道”的河北方言，说的无非是闺女出息了，不认母亲了，诸如此类。新凤霞和郁风躲回屋里，全靠黄苗子和盛家伦两个书生与这三男一女对峙。盛家伦率先扛不住，撤了，只剩下黄苗子一人力撑。新凤霞在屋里先给丈夫吴祖光打了电话，吴祖光还在石景山，最快要中午才能赶回来。吴祖光忠厚，还要新凤霞弄清情况，万一真是母亲，岂不是错过了。

新凤霞又给评剧院领导打了电话，得到的消息是，小白玉霜在不久前也遇到了“母亲”来认亲，请新凤霞同志提高警惕。三男一女总之是不走了，在院里席地而坐，黄苗子还买了酱肉给这几位。中午吴祖光赶回家，也带了午饭分给“母亲”和“堂哥”们，蹲在地上跟黄苗子一块认真了解情况。随后户籍警察赶到，带走了这几位，结局就是河北破落户冒认，八竿子打不着。后来吴祖光感谢黄苗子“搭救新凤霞”，黄苗子摆摆手：“为朋友嘛，再说了，万一是真的呢？”

黄苗子是书法家，郁风是画家，两人属于共同点很多的夫妻，热心好客，爱交朋友，还有爱丢东西，不走心。几十年夫妻恩爱，两人比着赛似的糊涂。黄苗子跟吴祖光去看新凤霞的戏，下公共汽车时把戏票交给了公车售票员，帽子、围巾也丢在车上。进了剧场把公车票递给剧场检票员，结果人家没让进。去法餐厅吃饭，那时还沿旧例，需着正装用餐，这都是提前告知了的，黄苗子还是忘了穿西装，结果穿了餐厅提供的西服，只能盖到腿。跟吴祖光一起开会，黄苗子能把吴祖光的外套穿走，吃饭结账，掏了半天也没发现这不是自己的衣服。那时吃饭要交饭票和钱，吴祖光的外套兜里两样都没有，人家的钱包是揣在裤兜里的。郁风也很“离谱”，从国外寄来的书是她自己特意订的重要资料，到手两天，遍寻不见，最后要登报才能找回。给郁风讲一个笑话，她可以做到当时面无表情，两天后如果听到郁风的笑声，一定是因为两天前的那个笑话。吴祖光说过，这一点新凤霞也是如此。黄苗子好吃不会做，郁风不挑食善烹饪。黄苗子比郁风矮半头。

说到这里，因为个头的缘故，黄苗子求婚时还是花了一番力气的。两人恋爱的时候，郁风的母亲是不太满意的，老太太整天念叨:“苗子还是很有风度的，就是这个头儿，男的比女的矮，总有点 ……”黄苗子当然是想得到老太太的衷心祝福，否则他的夫人心里也会有心结。于是他连夜写了一封才华横溢的求婚信呈给了准丈母娘。老太太知书达理，见字甚为满意，于是“召见”黄苗子，黄苗子的才华得到了完美展示，越说老太太越高兴，其中数语颇为经典，堪称典范，此处引用，诸君共勉:“我爱郁风，应爱你全家，我是先做你的儿子，后做你的女婿。”老太太听后大乐。吾辈楷模，脱帽致敬。老太太一高兴，全家都高兴。

婚礼隆重盛大，只是吴祖光、丁聪二人前脚进门要凑热闹，后脚却转身溜之大吉。只因到场嘉宾全部西装革履，这二位穿着背心短裤，摇着凉扇，岂有不走之理？给自己丢人倒无所谓，给朋友丢人那是万万不可以。吴祖光、丁聪、黄苗子是“三剑客”，新凤霞评价:“三剑客”生活中“作风”半斤八两，衣着随意，吊儿郎当。

婚礼继续进行，很快来到最后一项 —— 结婚纪念照，经黄苗子同志强烈要求，婚礼司仪递上准备好的小板凳，黄苗子站在板凳上贴着郁风合影，尤其提出必须是全身照，与会亲朋好友人手一张，也送给了吴祖光、新凤霞夫妇。

郁风跟新凤霞说过:“人和人要紧的是有共同语言，趣味、事业、道路相投，尤其夫妇，丑俊、年龄、高矮都不是主要的。夫妇要共同生活一辈子，品德重要，外表怎么样看惯了都不觉得了。我跟苗子这些年，有欢乐、有灾难，但我觉得他样样好。他不矮，我也不比他高。”

第五章——凤鸣凤落

『凤霞的一生过来不易，受过贫穷，受过冻饿，受过说不尽的欺侮折磨，但是她都能经受。在最强大的压力和打击面前没有屈服，没有讨饶，没有流泪。』

——吴祖光《〈新凤霞回忆录〉后记》

凤鸣凤落

“四人帮”被粉碎后，整个中国大地似乎都长出了一口气。新凤霞夫妇迎来了二次蜕变，首先是三个孩子个个争气，长子吴刚，是优秀的摄影师；次子吴欢，就读于北京电影学院，即将毕业，且对书画有浓厚兴趣；女儿吴霜以优异成绩考入了中央音乐学院，音乐天赋崭露头角。两个儿子各自成家自立，是新凤霞颇为欣慰之事。即便已是半身瘫痪，但另一半身体尚能运转自如，上天将她宝贵的右手留给了她。虽然每每从报纸、电视上看到老伙伴、新朋友在舞台上驰骋，依然令她十分痛苦。

吴祖光建议她尝试写作，又置办笔墨，告诉她不要荒废了齐白石老人的教诲。新凤霞卸下了负担，在丈夫的鼓励下，不仅出版著作，还重拾画笔。举家搬迁至东大桥的两所单元房时，吴祖光外事活动颇多，但为了让新凤霞不感到落寞孤单，还是在她写字作画时，陪伴在旁。

吴祖光、新凤霞夫妇（20 世纪 80 年代）

只是有一桩心事，反而让一向胸怀广阔的吴祖光苦恼。

这一日，董必武的夫人何莲芝来探望新凤霞，见到一家六口居所如此局促，心中有些不忍，于是亲自联系

新凤霞与次子吴欢

吴祖光与次子吴欢

吴祖光、新凤霞全家福

相关管理单位，将隔壁居室打通，划拨过来，行与便利。这无心的便利之举正好了却了吴祖光的心愿。

因为吴祖光对新凤霞的承诺，其中最重要的一项便是书房。如此一来，新凤霞就又能获得自己的小天地。新凤霞看着吴祖光，她实在没有想到，经历了无数苦难，冷静淡然的吴祖光心中时刻记挂的竟是此事。在一瞬间，她似乎又回到了那年的马家庙 9 号，

新凤霞画作

新凤霞画作

吴祖光晚年

新凤霞晚年习画

吴祖光牵着自己的手，欢快地介绍着两人的新房，圆圆的月亮门，里面的院子非常宽敞，院墙爬山虎，院内石榴树，角落里的鱼缸内游鱼吐着泡。出了院子进到的是里院，东、西、南、北四面房，里院有棵凤凰树，这是她梦寐以求的家的样子。她意想不到的书房，书桌下面是被她磨了的脚踏板。

“我知道这些书一时半会儿你没有办法都看懂，慢慢来，我已经按照重要性排列好，桌子下面有脚踏，你演出任务重，回来看书，脚踏在上面，双腿会比较放松。”当年的话，仿佛又在耳边响起，从未改变。

1998 年，新凤霞陪伴吴祖光回常州出席刘海粟先生画展，也是在这里她永远地闭上了眼睛。临走前，她嘴里喃喃地念叨着，吴祖光将自己的耳朵贴近，努力地倾听着自己深爱的妻子的遗言，新凤霞费力地张合着嘴唇：“我这一生……”

新凤霞去世后，吴祖光中风两次，再也没有任何可以称道的作品问世，1400 多个日夜后，吴祖光缓缓地闭上了眼睛，去寻找他日夜思念的妻子——新凤霞。

附录

我的唱腔创作

新凤霞

我的唱腔是怎样形成的？有很多热心观众、很多青年演员问过我。还经常有人找我要曲谱，要我介绍创腔的经验；由于我的文化水平低，不知道该如何解答，更不会提高到理论上来说明问题。这儿我试着讲讲自己的一些体会。

我从六七岁就受演京剧的堂姐姐的影响，好唱，也跟着姐姐天天去喊嗓子，学着："咴咴咴咴、啊啊啊啊、嗯嗯嗯嗯……"张开嘴放松喉咙喊，闭上嘴用鼻腔出音；无论刮风下雨、冰天雪地，都要去喊嗓子。说是"冬练三九，夏练三伏"，现在想，这种练声的方法不一定对，但可以锻炼毅力。

我在台上唱了几十年戏，我要求自己唱得松弛自如，像说话一样，使人感觉亲切，自然真挚，诚恳大方，又要耐人寻味。我们评剧前身"莲花落"就是说唱形式，我尽量掌握这一点，做到唱得字字清楚，抒情优美；要求人物的音乐形象美，时代感情美。用声音表现人物的喜怒悲欢，唱出人物的思想感情；除去咬字清楚，还要行腔通畅，归音有力准确。由于时代变了，老评剧的腔调不够，也不能表现新社会、新人、新事的感情；评剧原有的唱腔必须进行革新创造，丰富旋律，发展板式，创造曲牌。但是又要注意，不能脱离评剧的传统。

提高演唱技巧，加强音乐感，锻炼表现能力，使观众能够获得艺术的享受，受到剧中人物情绪的感染，演唱时能够和观众交流，主要全靠真实的情感。我在演唱时尽量避免矫揉造作，改革老评剧尖着嗓子那种不科学的喊叫，逐渐发展成后来嗓音嘶哑的发音方法。练习在演唱时尽量松弛，发音通顺，舒畅饱满；咬字清楚，四声纯正，行腔干净；咬清字再拖腔，注意防止“音裹字”的现象。做到字正腔圆，唱快板、字不乱，唱慢板、情不断；低音醇厚饱满，高音足但不喊；拉腔不散，花腔灵活润甜。追求唱情，不追求唱形。演唱几十年，我觉得一个演员贵在有自知之明，也可说要认识现实，才能改造现实。练出功夫还得巧妙运用。人没有全材，每个人的嗓音条件也不能说什么行当、什么音符、什么剧种都能唱。一个演员对自己的声带要有正确的认识，我过去因为唱法不科学，发音方法不对头，声带也出过毛病，这也是从失败中得来的教训。

我们评剧讲脑后音，实际上就是头腔共鸣，这是很重要的音。我学戏时师父说“小肚子用劲”，就是运用丹田，唱什么也得用上丹田气。西洋唱法、民族唱法，都要用上丹田气才能唱得丰满，呼吸匀称；丹田气用不上，唱的气力不足，共鸣也不好。我的唱腔都是经过合作，和同台演员合作，特别是跟乐队同志的合作。很多和我一起合作的乐队同志都对我有过帮助；经常在我演唱时出现了即兴新腔，乐队同志当时就能伴奏下来，而且记了下来；然后同我商量后修改曲谱，再丰富唱段，产生新的曲调。在新中国成立前，我虽然已经当了主演，在演唱时也常有意识地发展、创新，可是有一定的阻力；稍有丰富改动就会遭到师父、长辈和保守的人的反对，以至谩骂、讽刺、挖苦。可是观众喜欢新腔，常得到观众的喝彩声。

我演从京剧移植的剧目《锁麟囊》时，就把程砚秋先生在《锁麟囊》中所有的好唱腔全都吸收在评剧《锁麟囊》唱腔里了；观众每听到这些熟悉的唱腔就非常欢迎。新中国成立后，连程砚秋先生听了都到后台来鼓励我，说我把京剧腔化成评剧腔，融合得自然通顺，很好。新中国成立初期我演《刘巧儿》《祥林嫂》《艺海深仇》，那时还不兴记谱，仍是旧时的即兴演唱伴奏，我都是事先把唱腔安排好了，找琴师一道研究商量。《刘巧儿》唱腔、板式都有新的旋律，创造了新的曲牌，在唱法上吸收了新歌剧的方法。《祥林嫂》的唱腔要求朴实深情，都是评剧原有的板式，不追求装饰、华丽。这三出戏都在 1950 年就灌了唱片，立即受到广大观众的欢迎。

《刘巧儿·送线》一场唱的："巧儿我自幼儿许配赵家，我和柱儿不认识，怎能嫁他……"这个曲牌是评剧传统戏《老妈开唠》的"喇叭调"，唱法改了，节奏变成了双板打法。这种双板打法，活泼跳动，表现出解放区的小姑娘勇敢奔放的性格。双板打法是吸收电影《千里送京娘》中的插曲，形容马蹄声的双打节奏，用在《刘巧儿》小桥流水"喇叭调"中很新鲜。剧中人边走、边唱、边舞，要着线穗子很活泼轻快。《刘巧儿》的唱腔都是我先想好、唱出来，再请乐队琴师同志研究好节奏、配上过门儿形成的。这个戏首次演出就受到观众的欢迎，主要是反映了解放区青年男女要求婚姻自主、要求解放的迫切心情以及政府认真耐心的工作态度和民主作风。剧情活泼明快，通俗易懂，又配合新中国成立初期《新婚姻法》的宣传，具有现实意义。这出戏生命力很强，三十年来至今还是很受欢迎的剧目。

《祥林嫂》的唱腔，都是用评剧传统的板式，从唱腔上就能听出时代的气息。祥林嫂是封建社会被踩在脚下的可怜女人形象，这出戏，也是直唱到现在还在舞台上保留着，仍是观众喜欢的节目。现在我不能演了，我的学生在演，别人演也都还是唱我原来的唱腔。《祥林嫂》一剧初排是在1949年，唱腔也是由我编好，琴师张其祥同志伴奏。1953年重排，改由琴师徐文华同志和我合作了，在唱腔方面又有所丰富加工，但主要唱段没有改动。多少年来在边演边改中成为现在的唱段，应该说可以算是“定稿”了。

《艺海深仇》中凤英唱：“夜深沉，灯光淡，暗自回忆……”这段反调是以传统的反调为基础并加以丰富。这个戏是配合当时镇压反革命运动而编排的，运动过去了，戏没有保留下来，可是这一段反调唱段流传至今。

以上这三出戏的唱段，从那时和观众见面后，一直得到广大观众的喜欢。1953年排《志愿军的未婚妻》，当中有两段唱，一段“做梦”，另一段“锄草”，也叫“锄草调”，是我跟马可同志合作的曲牌。这个曲牌是把奉天大鼓和采调的旋律，糅合在评剧唱腔中而成的新板式。

创作过程是我们分析了人物和情节后，我先唱出调来，马可同志录了音，拿回去写出谱来，再哼给我听，提出哪些音符还不理想，和马可同志一起再一句句地反复唱，使每个字的音准都符合评剧的字正腔圆，有了韵味，就算定谱了。这样来回研究多次，马可同志非常耐心谦虚，跟我合作得非常好。

《调风月》一剧，燕燕唱“蜻蜓调”。这是评剧传统没有的曲牌，是受湖南花鼓戏音乐形象的影响而创出的调子，我听了湖南花鼓戏《刘海砍樵》，觉得这个戏音乐形象朴素热情，我很喜欢。在创造燕燕的音乐形象时，我尽量吸收花鼓戏的腔调，化成评剧，用双板节奏、活泼跳跃、明快热情的调子来刻画和表演燕燕这个人物。

《乾坤带》一剧，银屏公主唱“凡字大慢板”。这段唱也叫“凡字调”，我是受了京韵大鼓的“凡音”和山东“梨花调”的悲腔哭音，还有山西梆子的滑音哭腔的影响创作出来的。长久以来，我的头脑中留存着这些优美的旋律，现在把它们融合在我的评剧唱腔中，成为我的一个重点唱段。

《无双传》一剧，无双唱反调大慢板。是在原有的评剧反调曲牌基础上吸收了“辽宁大鼓”“梅花大鼓”的旋律和悲音，在节奏上也延缓拖长，增加悲伤哀怨的情调。

以上这几段板式、曲牌都是原来评剧没有的。创造新的曲牌，必须根据剧中人物的身份、性格、情绪，进行深入的研究和体会。同一个新的曲牌有时也在不同的剧目里再次运用，譬如“蜻蜓调”用在《六十年的变迁》童少英“喂鸡”一场中，又进行了改编和创新。虽然节拍一样，可旋律有些变动，改名为“喂鸡调”，唱来很朴素，富有生活气息，加上轰鸡的动作和夹白，很适合农村妇女的形象。这个曲牌用在《花为媒》电影中张五可唱时，又进行了再创造，张五可是大家闺秀，燕燕是丫鬟，童少英是农村妇女，身份、性格都不相同，在张五可赏花唱段中，我根据五可性格特点和当时的情绪，又做了不同的处理。

在古为今用的老腔新用上，我和同台演员、琴师一起，也做了尝试。如张五可跟阮妈妈花园赏花“报花名”对唱一段，用的曲牌本是传统戏《小老妈上京》里小老妈唱的“唠调”，也叫“太平年”。这一曲牌，1951 年我演《牛郎织女·男耕女织》一场男女对唱时用过，在唱法上“太平年”的拖腔用过门代替，改掉了过去庸俗、夸张的唱法，曲调也有所改动。男耕女织，边舞边唱，效果很好，很能表现牛郎和织女恩爱和美、艰苦勤劳的气氛，观众很喜欢。1964 年长春电影制片厂拍《花为媒》电影，用在张五可“报花名”时也很合适。这就使一个老的曲牌用在新戏、新人物身上，变成了新曲调了。为了不忘传统，这个曲牌仍叫作“太平调”。

同一个曲牌用在不同的剧本和不同的人物身上，要经过再创造、重新去体验和体现；根据人物性格、特定的情景，对唱腔进行新的加工丰富是必要的。

我从小养成爱听好学的习惯。时常被一句好听的、有深度的唱腔所吸引，就不自觉地随着唱，把这个曲调记住了。学习曲调中的长音、短音、高音、低音、快慢音，好听的曲调积累多了、丰富了，就成了创造新腔的素材。创腔时要举一反三，不一定是完整的曲调，有时是板式，有时是曲调，行腔、发音、咬字、呼吸、气口，学方法，学精神，都要吸收、融化在我的唱腔中。有时学习别人唱的舒展通畅，滑音优美，唱快板字字入扣，发声行腔归音讲究，唱得深沉，唱出气质，唱出魅力，学情架，不学形真。学习别人的唱法，我从不生搬硬套，在艺术上绝对要扬长避短，知进知退。学习也要积累知识，成为博学的人。像读书一样，全靠平时的积累，使自己肚囊宽，听得多、记得多，有丰富的曲牌腔调，在创腔时借鉴选择。我习惯看到新词稍作思考，就能把新腔唱出来。跟我合作过的琴师和音乐工作者都常讲：“凤霞一张嘴就是旋律，头里都是调子……”但是我至今也不能记谱，常常把唱过的好腔又忘了，有时就找不回来了。创腔最重要的是唱出人物的内心情绪，有深度，还要保住演员自己的风格、气质和真挚感情。创腔不只是会唱出音符、有旋律就行了，还要在各方面学习，提高修养，去掉旧社会带来的低俗情趣，创造高雅的调式。在选材时尽量不脱离传统，革新改造，从人物出发，不追求廉价的喝彩声。因此最重要的是丰富知识，提高修养。

我的唱腔是这样唱出来的：接到剧本后，研究了剧本的历史背景，人物的身份、个性和情绪，自己先把板式、曲牌考虑好，在音乐形象上有了具体的想法，有了调式和旋律。我的琴师徐文华同志从1952年和我一起合作，是三十年来的老伙伴。我唱出曲调，文华同志配上过门儿（伴奏），我们再一同反复修改，最后我唱出完整的唱腔来就算定稿，文华再把连同伴奏的全部曲谱写出来。徐文华同志对工作细致真诚，我有时在创腔中唱出的旋律离评剧太远了，创新的步子不能太大，文华同志就提醒我再向回拉一拉。他总是有意地叫我唱了再唱，反复地唱才写出曲谱。有时我唱的全是老腔，又显得太拘谨陈旧了，他就叫我放开一些，再叫我一次又一次地唱，他最后定稿总是很慎重，非常重视我的演唱风格。有时是由文华同志设计板式，我唱出腔调，在创造《无双传》无双这一角色时，我觉得根据人物的情绪：无双被幽禁在深宫受苦，思念受难的父母，盼望和被害的丈夫见面。一般的反调不足以表达这样的愁苦，应当有所充实和增加深度。我提出创造新的反调大慢板，文华同志同意我的意见，觉得唱大慢板更能表现人物的感伤情绪。文华设计出来大慢板格式，我把传统的反调重新解构，主要是在音节上增加起伏，更多地发挥低音部位。文华同志配上过门儿，写好曲又请贺飞同志帮助润色加工，最后由我再唱准四声，行腔归音符合评剧的规格，才最后定稿。

创腔有两种情况，一种是全属新创的板式曲调；也有的是在旧剧目中用过，在新剧目中就要进行再创造，这也就给我提出了新的考试题。如《花为媒》，这原是评剧传统剧目，是一出唱功较重的花旦戏，评剧的演员从小学戏，开蒙就要学会。这出戏板式丰富，是评剧花旦演员打基础的剧目。1961年中国评剧院在整理这出戏时只在剧情方面作了一些改动，增加了一个小生，唱词基本是原来的老词，因此唱腔也没有改动。1964年长春电影制片厂要把《花为媒》拍成电影，电影剧本作者写的唱词改动很大，由于原有的唱词太粗俗，所以即使保留下来的曲牌唱段，词也大半改写了，另外又增加了新的场次和唱段。张五可出场原来没有唱，电影本则是出现在花园花丛中，唱"蜻蜓调"，内容是五可观花，思念四个出了嫁的姐姐，想到自己闺中待嫁，这是一场抒情戏，要求唱得优美含蓄。作者提出这段唱要用新的板式，我就把过去我演过、现在已经没人再演的《燕燕》的新腔移用到这里，效果很好。

"报花名"一场，舞台是唱十二个月："正月里开迎春，春光数正，刘伯温修下北京城……"就这样东拉西扯、毫不贴题地唱了十二个月。电影本改写成"四季花"，导演要求边舞边唱，作者要求用新的对唱式曲牌来唱这"四季花"。我用了传统的"太平年"唠调，又根据张五可的泼辣勇敢的性格创造出新的"太平调"。我喜欢这样：作者提要求使我得到启发，和琴师、音乐家合作，反复试唱、研究，引起创作的积极性，就能出现成果。

我在演唱时，一向习惯要求自己连过门儿都要非常熟悉，要记清过门儿的速度，心中有数，这样才能掌握情绪，配上动作。一般排练新戏时，唱腔都是从一开始就由我脑子里发出来的，因此无论多么复杂，我也能在创腔结束时基本已背唱下来。但是乐队演奏的过门儿，尤其是大慢板的过门儿很长、很多，在合乐时，乐队能看谱，演员不能看谱，我必须把过门儿也记下来，这样也锻炼了我的记忆力和注意力。

三十年来，我的唱腔大都是在我和琴师同志合作下创造出来的。跟我合作过的琴师对我的帮助，尤其是我在政治上受了冤屈的那些年，琴师给我的支持和鼓励，使我感动，一生难忘。现在出版的这50段曲谱，基本上是我和徐文华同志一起长期合作的成果；其中也得到盛家伦、马可、贺飞、杨培等同志的帮助。我的点滴成绩还得归功于集体力量，他们都是热爱评剧艺术的音乐专家，也都是我的老师。

我的个人经验不一定是正确的。我的所有唱段都不是请人作曲的，同我合作和指导过我的音乐家或是著名琴师，也都不赞成作曲；为了让演员更深地体验人物的内心感情，求得更好、更动人的舞台效果，演员出旋律，琴师合作搞伴奏是有传统的。譬如著名京剧艺术家程砚秋先生，他的唱腔就是他自己唱出旋律，琴师为他配上伴奏。砚秋老师的程腔是京剧艺术的精华，名扬天下，是我最佩服的。我和我的琴师徐文华合作也是继承戏曲传统的方法。戏曲的古老传统是从口传心授的学唱开始，必须学会几十出基本剧目，才算初步掌握传统的演唱方法，以后就是"师父领进门，修行在个人"了。一样的学徒，有的在演唱上有所发展，有所创造，做出了成绩；可也有一同拜师，一块儿学戏，一辈子无所成就。成就不是教出来的，努力刻苦之外，要加上天赋，还要赶上天时、地利、人和…… 这里最主要是靠勤学苦练。

除上面所说的一些条件之外，一个演员还需要具备丰富的知识，特别是我们戏曲演员要提高文化，培养素质，在不断的实践中唱出自己的风格。我的经验是每一个音节、每一句唱腔，都要经过反复的揣摩和研究，旧曲牌用在新编剧目不同人物的身上，不经过再创造，全盘套用，有时就会起到反效果。有一个演员把传统戏里丫鬟的唱腔套用在一位夫人的音乐形象上，结果就产生了反效果；尽管演唱技巧高，也难改变基本调性。

戏曲的各个剧种都是具有代表性的演员创造了自己的风格，最终形成自己的流派。他熟悉传统、继承传统，并且能够发展传统；这首先是他长期演唱，取得了丰富的实践经验的结果。

演员创腔，首先要有对剧本的理解，认识时代和社会背景，进一步深入了解和揣摩人物的性格和感情，然后创制出适当的音乐形象；用我们的传统曲牌作基调，充分利用姐妹剧种的曲调来充实和丰富自己；要有创新，但不能脱离传统。新创的曲调特别要结合演员本身的条件，演唱出与众不同的风格。创制新腔，曲调出在自己的口中总出不了大格，这种做法是戏曲的传统方法；依我的理解，同一个剧种的不同流派就是这样渐渐形成的。近些年来，戏曲的新剧目一般由音乐家作曲、安腔。当然，作曲的情况也各有不同：有的是熟悉传统的，也有的是新音乐工作者，熟悉的是西洋音乐、现代音乐，他们创作出来的曲调也是不同的。

我认为，流派的形成，主要依靠演员自己的创造。专唱作曲家谱曲的演员，难以形成自己的流派。当然，流派的形成，唱只是它的一个方面，但却是一个重要的方面。

我以上说的这些都是我个人的创腔过程和肤浅的心得体会，可能很片面，也可能不很正确，有错误的地方请批评指正。

戏曲在旧社会的教授方式历来只有口传心授，全凭一代代人的经验实践总结流传。授业传道往往是“模仿”在前，随后靠“悟性”。现在我们知道，每个人的声带先天条件不尽相同，一味地“模仿”师长不仅无法突破，更有可能损伤自己的声带。“倒仓”“塌中”在科学系统的发声练习下，在一定程度上是可以避免的，这样的认知已逐渐被接受。评剧早期是以音量高、尖为代表，甚至谈不到音色，一条肉嗓子贯满堂，一场大戏唱下来，演员往往憋得脸通红。新凤霞先生幼年学戏也曾质疑，但在那个年代质疑师长即是对传统提出挑战，所谓欺师灭祖。所以，新先生嗓子也生过小结，后来为新先生提供系统的科学训练方法的，正是住在她楼上的盛家伦。

盛家伦，音乐家，中央音乐学院民族音乐研究员，中国音乐家协会第一届理事，1932 年赴上海参加左翼歌咏活动，1937 年创作并演唱《夜半歌声》。新先生师从盛家伦学习的训练方法及后期实践积累的经验由她本人整理并行文，这里笔者全文恭录，仅供行内和爱好者参考。

音乐导师盛家伦

新凤霞

我从小学戏，在旧戏班长大，没有念过书，纯粹是一点儿不掺假的土包子。一个艺术家必须要有一个能够从事创作的良好环境，一个演员台上台下、工作和生活都需要好的环境和条件，可在新中国成立前那些苦难的日子里，这些对我来说都无从谈起。

我从记事起就受堂姐姐的影响和熏陶，六岁开始随姐姐学戏、唱戏，从而也就决定了我唱戏、当个戏曲演员的命运。在旧社会只知道“生在江湖内，就是薄命人”，吃苦认命，在艰难受罪中过日子。谁叫我非当演员哪？使劲熬着，就盼着能唱上主角，成了名，能挣钱养家就行了。

新中国成立后，提高了我的社会地位，我再不是穷唱戏的了，成了文艺工作者，被人家称作艺术家了。我接触的人和我的生活环境都起了很大的变化，和我来往的很多人都是专家学者，和我同住一起的都是有学问的作家、画家、音乐家。

住在我同一个院子楼上的是 20 世纪 30 年代就负有盛名的音乐家盛家伦，他是和冼星海、聂耳同时代的著名音乐家。

他那时已经近 50 岁了。我认识他比较早，从 1949 年我刚来北京，在天桥万盛轩演戏时，他就同沙博理先生一起常来看我的戏。沙博理是美国人，说一口中国话，盛家伦也是穿西装。他们两个来天桥看戏，跟劳动人民同坐在长板凳上，显得很突出。

后来我们知道他们是音乐专家，我就让人请他们到后台来，希望听听音乐家的意见。有时散戏后把他留住，我不下妆，就到前台池座里亲自去请他。可他从不自己主动来后台，他很拘谨，话说得很少。

多少年来我都把沙博理先生当成音乐家，后来才知道他原来是美籍的文学专家。后来我和祖光结婚后才发现家伦是祖光的老朋友，而且就住在同一个院子，这我可有了向他学习的机会了。他是民族音乐研究所的研究员，平时不上班，在家做研究工作，连他的工资那时都是像李元庆这样的大专家亲自给他送来。他们都非常尊重盛家伦。

盛家伦对我的唱很有兴趣。他跟我讲过：声乐是有它的民族形式的，要通过咬字发声，把自己民族的风俗、习惯、思想感情表达出来。声乐要有自己的特点，我国有许多不同的剧种，都是根据本民族或地区的不同语言习惯、风俗特点，组成自己的旋律和不同的发声方法。中国是多民族国家，因此我们有各种唱法，各有独特的风格。地方剧种都是根据自己的地方语言习惯形成自己的剧种，因此有自己的旋律和韵味，从而形成自己独特的演唱方法。西洋的发声、演唱也是根据自己语言的要求，根据自己文字语言的特殊规律而形成了不同的演唱流派。

知道了演唱是语言的表现，是感情的抒发，然后就要看自己做到了这一点没有？从体验到体现，唱出人物的内心活动，创造更正确的音乐形象。比如我是唱评剧的，仅仅有了民族的语言和风俗习惯是不是就算形成了自己的剧种风格了呢？这还是不够的。艺术是发展的，比如河南豫剧、山东吕剧以及南方的各种剧种，都以自己本地区的语言形成音乐旋律，成为自己的地方剧种。评剧是比较年轻的剧种，它只有近百年的历史，但发展得很快，产生出不少流派，它运用的已不是当年其发源地唐山的语言了。尤其新中国成立后发展得更快，普及到全国。我的唱法就是以普通话为标准，字音正，但还要在相当程度上保持当年的滦平韵味，这也可以说是我们评剧的特色吧。

盛家伦对我说过：我们中国的民族发声、唱法，有自己的语言特色，但还要吸收西洋的方法和经验，要唱准音阶，找到正确的共鸣。西洋发声方法合乎科学，咱们应当接受和利用他们的经验和方法，把它运用到中国的民间唱法中来。这样能使我们的声带延长寿命，永远保持声带的光滑。

正确的共鸣口型、上下贯通，发挥头腔音，无论唱什么，这点都是重要的。根据人物性格和身份，在行腔演唱中要注意喉音、鼻音、呼吸，怎样运用丹田小腹的控制，使气流自然、送音有力。行腔音准，节奏鲜明，归音咬字就优美动听。

练习发声时，盛家伦告诉我要注意共鸣和咬字的方法。他主张我依据中国语言和地方音韵解决发声咬字的问题。声音表情要服从于人物的感情，但同时还必须有演员本人的特点。

我学习许多剧种，以及各种曲艺的唱法，甚至于西洋发声方法，我也有意地去学去练，这对我的演唱很有好处。但是在练西洋发声唱法时，仍要注意以我们的唱法为主，西洋方法为辅，叫它起辅助的作用。

盛家伦给我讲解了西洋发声的科学性。他希望我能多懂得一点理论，但又不要死背理论，被理论束缚住。

歌唱演员就是靠声带发声演唱，可是不会保护声带，不懂得发声的道理，那是不行的。演唱时两声带要靠紧、合拢、闭合得越紧，声音就越是清脆、明亮、圆润。如果呼吸掌握得好，蓄气足，音量就能更宽更亮，拉腔也就更可以持续延长。要达到这一步必须进行各种训练，其中对呼吸的训练是非常重要的一环。

声带并不能发音，而是气流冲击声带周围的肌肉，使肌肉产生振动才发出声音。发声时，声带周围的肌肉一定要松弛灵活，自然有力，这样才能支持声带持久用劲，使音量放大。肌肉帮助发声这是很简单的道理，比如一个人有病发烧周身无力，说话声音也受影响。想要唱得好，还要刻苦地去练习。勤练出功，常讲“台上一分钟，台下三年功”，台上的每一点成绩，都是台下刻苦练习的结果。常听人说：这个青年演员哪儿都好，就是唱起来嗓子太飘了。这就是没有功夫，火候不到家，缺乏锻炼的缘故。

演唱时，两条声带要靠紧，闭合得很牢固，声带张力拉紧，这时候各个肌肉群也在帮助发声。练得多，功夫到了，就能练出韧性，能控制住声音的宽亮、高低、强弱，使声带伸缩自如。

声带拉紧靠拢必须有正确呼吸方法，才能发挥音量的强、弱、延长的作用。要能够控制声带松紧，必须有正确的练声方法。有时演唱到激情高音，或强烈的喊叫时，发出的声音不正，有一种嘶哑劈裂的刺耳声音，这就表明超出了声带的负担了，这样容易损伤声带，作为一个演员千万要注意对声带的保护。

演唱中运用的颤音，有时是表达一种特殊情绪时必要的方法。但如果发音不正确，发出了不均匀的颤抖而嘶哑的声音，使人听了感到刺耳，这就是方法不对头，也超过声带能力的范围了。不正确地运用声带，有时会出现声带小结、声带充血、声带肥厚、声带不能闭合等症状。这些病是常见病。

旧戏班演员十四五岁要过“倒仓”关，中年要提防“塌中”关，这多半是发声方法不科学，基本功不牢固，加上身体某方面不健康等原因所致，这些毛病都出在声带上面。

练发声应当有计划地进行。练习单音、练习小花腔、一个音一个音的颤音。多唱，唱难度大的唱段，从强音到弱音，练各种音阶、复杂的唱段和快慢板式，练习控制声音。练一段情感细腻的唱段，练习收音、放音，情绪起伏变化、延续拖长音、突然停断音、有意的颤动音。要练得能控制声音，使声音有能力表现各种复杂的感情。练颤音是很重要的，有的青年演员唱得不结实，声音发抖，字咬得不清楚。有的发抖成了演唱的毛病，就是练习不够，功夫不到。

练唱最重要的是练呼吸，也就是老话说的练好“气口”。老师从小教我要在小肚子部位用劲，练好丹田气。练武术师父讲：“练好丹田气，走遍天下无人敌。”丹田是指脐下一寸这个地方，换一口丹田气，唱时才有力。往往一段唱中间一个长拖腔的气口是规定好了的，不能随便换气。随便换气不但表达不了情感，而且会破坏情绪。

常讲有一条好嗓子还得会唱，怎样才叫会唱呢？会唱就是声带能灵活运用，松弛自如，唱得轻如鹅毛，重如倒海翻江。能不能唱出气势来，与呼吸控制得好不好有密切联系。

在唱的时候声带要合拢，让声带周围的肌肉都活动起来。呼吸得好，肌肉活动就正常，呼吸不好而紧张起来，就会使肌肉失去了平衡；舌头也前后不定，喉部整个紧张，不能控制声音，唱出来发抖，音阶不清，节奏不稳。练“啊”音、“依”音，这两个音练得灵活、拉长、短音、送音、住音，这都对喉头肌肉练习有帮助。练唱拖腔、练快板唱段，都能解决换气的方法。运用好呼吸自如，传情准确，咬字清楚。

在练唱时，还要注意哪里换气，哪里偷气，哪里不能换气。最重要的是在大甩腔前一定换一口大长气，让下边的甩腔丰满气足地表达出规定的情绪。演唱中每换一口气都是有目的的。

换气是演唱中很重要的一环。该换气而不换是不行的。随便唱，永远不能掌握技巧，也练不出演唱功夫，声带、假声带、声带周围肌肉都不能服从你的调动。

喉咙里的肌肉最敏感，它们的一切活动都受脑神经的支配，由神经传达到肌肉。因此练习时就必须在神经上有足够的主动性和信心。唱难度大的高音和唱腔，除了掌握住呼吸、发音行腔正确之外，还要靠意识上的信心，心里感到："我肯定能唱好，多高的唱腔我都能唱上去。"如果是自己音域内的高度唱不上去，那就是心虚，神经衰弱了。超过自己音域高度的唱腔唱不上去，那可能是腔的毛病。也有这样的例子，《四郎探母》中杨四郎唱的"站立宫门叫小番……"这句嘎调，有一位名演员在天津中国大戏院唱（那时我姐姐跟他一块唱戏），他这句"叫小番"没唱上去。后来他再到中国大戏院唱这句"叫小番"，仍是上不去。以后简直就不敢再到中国大戏院唱这出《探母回令》了。我自己也有过类似的情况，那是在 1957 年，我受了不白之冤，1958 年演个反映炼钢生活的戏，里面有一句高腔，我心里害怕，就唱不上去。虽然不算太高，但由于神经衰弱，心虚了，一到这句我就不敢唱，多少次都唱不上去，总不敢开口。

有人说，好嗓子能唱出金属音。金属音，这是声带发出的最宝贵的音，主要的是共鸣要好。我们评剧讲究鼻音宽亮打远，也是指共鸣金属音好，刚、亮、宽，这是金属音显著的音色。作为一个演员应当全力以赴地唱出自己的金属音。使用不正确的发音方法唱出嘶音和沙声就失去了金属音了，这对一个演员来说是很重要的。也有人讲，某某的唱有烟卷味儿了，就是指声音不干净了。要保护好身体，正确发音，才能使金属音好听，音量打远、亮堂。

要练好共鸣，喉腔、咽腔、胸腔、头腔、鼻腔，都是起共鸣作用的部位，这几个部位有了毛病都会影响到共鸣。比如在唱低音音腔时，别人用手去按他的胸部，就会感到整个胸呼吸都在振动，因为它在帮助声带发出醇厚的低音金属共鸣。唱低音是很费力气的，由高腔转到低音腔这个过渡是很吃力的。

有的演员嗓子条件不错，就是没有共鸣。那肯定是丹田、胸腔或是哪个部位有问题。要坚持练习，如果是声带基本条件不好，也就没有办法了。

声音的发出虽是从声带、软口盖的提高成一个小喇叭形时发出音来，舌部也是帮助演唱的很重要的部位。唇、齿、舌都应当经过训练，所谓嘴皮子功夫好，与练好舌功很有关系，唱出快板流利干净，要舌根控制，舌根能灵活自动伸平缩短，舌尖能左右上下卷动，舌尖扫上口盖进退自如，这几方面的练习都应当坚持。人们一般的印象，说薄嘴唇的人口齿伶俐，能说会道；但也不能说厚嘴唇就唱不好快板，只要练就能唱好。

练舌也要结合呼吸一起练，呼吸还是最重要的。人在平静时呼吸是自然的，但在演唱激动时是动起来的呼吸，因此就要有意识地去掌握呼吸了。呼吸也是换气，人们生气之后喘一口长气，累了伸了懒腰长出一口气，都是有意识地去呼吸，不是自然的呼吸。演唱时如何运用呼吸、换气口，都要根据不同的板式去进行不同的练习，使呼吸自然、舒展、平稳。

人在安静时的呼吸，需要的空气少，换气匀，但唱起来了，吸进的空气就不够用了，必须多换几口气。因为平时讲话用不着有意拉长缩短，但在唱时或说白话时都需要多呼吸空气，这时的呼吸是有意识的呼吸，必须练出气口和呼吸的准确性来。常讲“千斤话白四两唱”，话白运用气口更重要，更要练习，在练习呼吸当中找到有意识的换气呼吸，找到动和静呼吸的不同方法。

常听人说横膈膜，我以前不懂这是什么地方。人在演唱时需要大量的空气，平时正常呼吸只要横膈膜轮流做收缩松弛的动作，就可以供给足够的空气了，呼吸也平稳自如。但在演唱时，特别是唱激烈的腔调，表现强烈的情绪时，呼吸就比较困难。这时候除了横膈膜照常收缩外，胸部和两边的肋骨也都一齐提高起落，这时呼吸就很激烈，需要的空气多，肋骨两边都是弓形的，两肋骨展开了，胸腔空气容量就增大了；横膈膜在不断收缩，两肋骨提高各肌肉也在帮忙收缩，横膈膜收缩就加快了。提起丹田气，通过横膈膜输送到胸腔到喉部振动声带闭合，声音在口里经过咬字才能唱出来。

唱一段优美动听的唱段，还要具备韧性。可刚可柔，婉转自如；唱高音不噪，唱低音不闷，唱小腔灵活，唱快腔不乱，唱慢腔不断。古人讲珠圆玉润，就是说演员必须经过千百次练习，使各部位都随心所欲了，才能唱出内心的真实感情来，达到观众、演员都满意的地步，这是不容易的。

以上是我在几十年演唱中积累的一些不成熟的体会。这是通过实践和专家盛家伦同志不断地指点，才得到的这一点点的经验。限于我自己没有文化，水平太低，可能也有理解得不对的地方。经过上面说的各种练习，对我的唱很有帮助，解决了我在演唱中呼吸困难的问题，以及行腔发声、咬字送音等问题，还解决高低音的过渡问题，使我的音域变宽了。

下面我再谈谈我练低音的一点体会：

我的中低音好，高音也够用。但在旧社会一天唱两场戏，什么都唱，对自己的嗓子不知道保护；平时胡乱喊叫，满不在乎，傻里傻气唱了这么多年，对嗓子是有一定损害的。盛家伦说我的嗓子音质很好，是一条很难得的声带，他不主张我唱又尖又高的音，他说一尖一高，就带上了俗气。他看我很认真，有计划地天天带我练声，用钢琴练。他是很好的男低音，运用西洋发声方法。开始很困难，但我硬是天天跟他练习发声，果然过了一阵，我的声音有了显著的进步，特别是我的中低音，越练越结实。

我以为我的低音是原来没有的，其实每人声带的音色都是先天的，高音、低音都是与生俱来的。盛家伦帮我练低音，练出功夫来了。原来我的声带音质就好，但是我不懂得那些道理。我的低音完全是盛家伦教我练习才有的，这是一个新发现，我太高兴、太幸福了。

记得 1956 年，有一位苏联专家医生来中国，他是有名的喉科权威，是专门给演员看喉部病的医生，当时国家把他请了来，为我们很多演员看嗓子，如郭兰英、李少春等人都经他看过。我演《杨三姐告状》，他在看戏时听出我的声音有毛病，便到后台为我看声带。他看完很激动，这位老大夫说："我看新凤霞声带的结构和世界著名男低音歌唱家夏里亚平完全一样，这是一条难得的好嗓子，但是现在她长了一个声带小结，完全是过度疲劳的结果！现在她必须休息。"

这个老专家彼得罗夫，一生中为许多世界著名歌唱家都做过喉部的检查和治疗。他第二天就把我的声带的构造画了图，送到中央文化部，并且写了一封信，又一次提到新凤霞的声带结构和夏里亚平相似。信中开列了他的治疗方案，他不主张动手术，只允许做颈部按摩，并且亲自找到我国的喉科权威医生徐荫祥，教给徐大夫按摩的方法。我当时听从领导的决定，停止了演出，休息了一段时间。我只得过这一次声带小结，经过休息和治疗完全好了。致病的原因，主要是由于新排老戏《杨三姐告状》，我过多地追求老一辈演员悲壮慷慨的唱法，过多地使用了老调子高腔；另外一个原因确实是演唱太多，过度疲劳，忽略了家伦给我的指导。

从此，我的中低音演唱越唱越巩固，一直没有再出现过哑嗓子或声带出毛病的情况。主要是我对自己声带有了进一步的认识，演唱方法正确了。这个时期，盛家伦有计划地教我练声，又请同仁医院徐荫祥大夫为我做各种治疗，我的声带从此一直保持光亮，唱多少也不变声音、不觉疲劳。

我从小跟姐姐学过京剧的小嗓，十三岁学了评剧，但我从小大嗓小嗓什么都唱。学了评剧，讲究唱高调尖音，从不练低音。可自从我跟盛家伦学习西洋发声方法后，不但我的低音得到发展，而且高音也更宽亮了。直到现在我重病以后，我的声带仍保持着光滑，低音还是很结实，这也是把西洋发声方法运用到中华民族戏曲演唱中的一例吧！

我从小唱戏就打下了坚实的演唱基础。记得小时候在天津大舞台跟姐姐唱戏，散了戏我在后台给张德发老师唱老生，唱花脸，唱京韵大鼓，唱小嗓《女起解》。姐姐一看见就打我，说我胡唱，骂我是要饭的。可张德发老师说："小凤什么都能唱，有好处。"我什么都唱，掌握了多种腔调：曲艺、京剧、河北梆子、山西梆子、河南梆子，很多兄弟剧种的曲调我都喜欢，都感兴趣，没事就唱唱哼哼，这对我的演唱确实是大有好处。对评剧的各种流派：刘翠霞的尖调高音、白玉霜的醇厚宽亮、爱莲君的甜润细腻，包括男演员唱旦角的粗嗓子细唱、大哭大嚎，我都能学得很像。

唱评剧先要学会评剧的基本唱功戏：我跟师父先学会了《开店》《花为媒》《桃花庵》《占花魁》《夜宿花亭》《杜十娘》《王二姐思夫》《赵连璧借粮》《大赶船》《小赶船》等。评剧的原始唱法受梆子影响很大，连板式、节奏、锣经在使用上都完全一样。我小时候就会唱河北梆子，这对我唱评剧也有好处。

评剧基础打得好，练出了演唱功夫，在原有的评剧基础上再对各种唱法进行吸收，掌握住了评剧的韵味、行腔、咬字。除这以外，为了塑造好人物的音乐形象，首先要分析时代背景、人物的性格特征和内心活动，然后再有意识有目的地去改革曲牌，丰富原有的曲调板式，形成了以中音为主调，丰富、发展了高低音的新腔。“新社会的新评剧，唱新腔的新凤霞”，这是很多观众对我的评语。我认为只有在新社会，我才能得到像盛家伦这样的专家前辈对我的苦心帮助，我才懂得怎样创造、怎样练习，这都是新社会给我创造的好条件。

我在排演新戏，或是改编加工老戏，对每一段唱都是细心地研究，深入体会角色。自己先想出调式、曲牌、板式，唱出调来，再和音乐工作者一起探讨。经过反复修改加工，最后经过我演唱才算定型，再去配乐。我的唱从来不是作曲家作曲的，我也不主张用作曲这个方法。

家伦同志对我说过：“戏曲演员从小学戏，掌握了剧种的基本曲调，要吸收外界的营养，但不要把自己的一套熟悉的唱法和唱腔扔在一边。音乐工作者去凭空创造这不好。演员自己体会人物，从人物出发唱出调来，再与音乐工作者合作，丰富营养，这样既不脱离传统韵味，又有新意。”我几十年来都是照这样做的。

盛家伦住一间大屋子，四周全是书，中国、外国的书，什么书都有，他真可说是博览群书，有学问，知识渊博。他孤身一人，一天到晚待在屋里就是不停地看书，也常常有人向他请教问题。他脾气不大好，不喜欢的人就不理人家。他的生活习惯也很古怪，一年四季床上都铺着凉席。一日三餐有一顿没一顿，买一个大面包，一块黄油，饿了吃一点，可以吃几天。他买了一大桶奶粉，打开盖子放在桌上，懒得用水冲，一边看书，一边用手抓着往嘴里送。他喜欢跟我聊天，了解旧社会贫苦艺人的生活经历。我问他："你给电影《夜半歌声》唱的那支歌，你认为怎么样？"他摇头说："不怎么样，我是随便唱唱，我很不满意，那时有那时的情况。"

他给我讲音乐家贝多芬的故事。说有一个公爵摆架子，叫贝多芬为他演奏。贝多芬说："公爵有什么了不起？世世代代到处都有公爵，可是贝多芬只有一个！"还给我讲贝多芬的不幸遭遇：疾病折磨贝多芬，可是他不屈服，因为他有一种坚强高尚的品德和骨气，才能做出杰出的成就。我从心里暗暗地佩服这位伟大的音乐家贝多芬。

有人说盛家伦的闲话，说他不上班，不写文章，还常跟人家发脾气，还有人说他学问虽大尽吃不拉。可我不这么看，他是个忠实于音乐事业的人。为了帮助我在音乐上提高，他先对评剧进行了一番调查研究。他去过东北，访问过评剧艺人倪俊生、金开舫、张凤楼；去天津访问过张福堂、董瑞海、杜洪宽、碧月珠等人。

我住楼下，经常有一些评剧界的老前辈来看我，如张润时、王先舫、碧月珠等。他们一来我家，盛家伦就把他们请上楼，在他屋里热情招待，准备丰富的水果、糕点，还录音，请他们讲评剧唱法。他对我说："我不多了解评剧，怎么能对你有帮助哪！"盛家伦看过白玉霜，听过刘翠霞，他认为都是时代的产物，而"你新凤霞要唱出新社会的新腔调来"。

家伦经常为我放唱片，不但放评剧名演员的唱片，京剧的、曲艺的、西洋的大歌剧都放。听完了他叫我跟他一起分析唱法，提高我的接受和鉴别能力。

最有意思的是叫我做"吸收练习"。就是听了唱片，由他指定，叫我学会唱片中的一段或一个腔调旋律，然后让我糅合到评剧的腔调中来，再录下音，叫我自己细听，有没有不调和、生硬的地方。这样反复练习，他说主要希望我在唱上有意识地把西洋乐曲运用在我的评剧唱段中，从而开阔眼界，得到帮助。

盛家伦对我进行音乐知识教育非常认真负责，比办公还严肃。有一回我们正在分析研究小彩舞的《红梅阁》和程砚秋的《荒山泪》。有人敲门，家伦叫来人进来。见我要走，说："不要走，还没有讲完哩……"客人是远地来访的，家伦对他说："我在工作，你改天再来吧。"就把客人打发走了，让我讲完自己的看法，他给我分析和讲解两段唱法的特点，直到把这一课上完。

盛家伦说："你的知识太少了。作为一个演员来说是很不够的。"我就天天抽出时间跟他学，有时我唱夜戏回来，盛家伦屋里灯还亮着，我也去上课。他领着我唱，他的嗓子是大低音，有强烈的共鸣。有次把画家黄苗子、郁风夫妇唱醒了，他们住楼下，上楼来问："你半夜里还给凤霞上课，吵得我们睡不着觉。"盛家伦不管，还叫我唱。

我就是在盛家伦的指导下，学会了融会贯通，能把京韵大鼓、京剧、各种兄弟剧种的曲调融入评剧中来。

家伦说："你要懂得点理论，但不要死背理论；要掌握技巧，但不要固执于技巧。要唱出人物内心的真实情感。"对于我的练习和进步，家伦很满意。他自己生活很简单，吃一片面包，喝一碗牛奶就行了。我这人是土包子，吃这种洋东西，总觉得不能解饱。可我在听唱片上课中往往饿了，要求下楼回屋吃饭，他不许，要我吃他的面包牛奶，我又实在吃不下去。后来祖光说："你为什么不让家伦来我们家吃饭呢？"这提醒了我，我们请家伦在我们家吃饭。为了我的学习，祖光还给我买了一块小黑板，我们家开了课堂了。

总的来说，刻苦练功，还要得法。要懂点理论，还不能让理论束缚了自己。要多学多唱，唱既然是语言艺术，就得练习发声咬字。在练习中，要针对自己的弱点，有目的地去练习；不要冷一阵热一阵、东一锤子西一榔头地乱学乱练，这样对声带不利，要受伤的。像盛家伦这样的著名音乐家，没有架子，耐心地指导我，领着我练习，这样的好机会太难得了。我虽从小唱戏，先天条件也好，可没有经过名师有系统的、科学的指点，只是在跟盛家伦学习的过程中，受他的严格教育，才使我得到了很大的提高。

我从学唱评剧开始，就觉得像刘翠霞这派专门唱尖音的唱法，一定要改。可那时的评剧必须唱高调，不唱高调，老师也通不过。虽然我早已尝试着改变唱腔唱法，但是总不够胆大彻底，也常遇到一些保守派的阻力。盛家伦同志的帮助，给了我立志改革评剧的力量。而且在他帮助下，后来我和不少音乐工作者合作，创造出许多新的板式、曲牌和唱腔。

我没有忘记盛家伦。他一生孤独，没有结过婚，也没有兄弟姐妹，生活没有规律，没有人照顾他。他在 1956 年因病去世，享年 51 岁。这位学贯中西的音乐家，新中国成立以后，他在民族音乐研究所任专职的研究员。我知道他在专题研究东方的印度音乐，也在研究中国的古代音乐。他在研究一种叫作“埙”的古代乐器，是用陶土烧制的像梨的形状的一种乐器，他屋里摆了好几个。他的兴趣很广，无论是音乐、戏剧、绘画、雕塑、电影……都有深刻的理解，也有研究的计划，但是这些计划都没有完成，就太早地去世了。

对于我的指导和帮助，看来本不在他的计划之内，可是他却真正地培养了我，给我指出方向，领我走上一条创新评剧歌唱艺术的大道，他对评剧事业的贡献是不能磨灭的。

几十年以来，我的道路坎坷，不幸接连着不幸。但是我每前进一步，都怀念着我的这位严肃、清高、认真、直爽的老大哥、音乐家盛家伦。

我钦新凤霞

叶圣陶

新凤霞演得一手好评剧，我早就知道；她还写得一手好文章，到去年才知道。

听孩子们说新凤霞有一篇文章写得挺好，发表在一本刊物上，就叫他们找来念给我听。原来是记齐白石老先生的。齐老先生的遗闻逸事也常听人说起，可是都没有新凤霞写得那么真。她不加虚饰，不落俗套，写的就是她心目中的齐老先生。我闭着眼睛听孩子念下去，仿佛看见了一位性情、习惯都符合他的出身、年龄、

叶圣陶（中）与吴祖光、新凤霞夫妇（1981 年）

地位的老画家，同时也认识了一位敏慧的善于揣摩、体贴别人的心思而笔下绝不做作的新凤霞。于是叫孩子们去翻检报刊，检到新凤霞的东西再给我念，我又听了好几篇，都满意。

去年（注：1980 年）九月间，我在一个招待会上遇见祖光。我问了新凤霞的健康情况，说她写的东西好，希望她多写。祖光说她写了不少了，已经编成集子交给香港三联书店，还说既然我喜欢，出版之后就给我送去。没隔多久，祖光果然把《新凤霞回忆录》送来了，两指厚的一册，装帧挺惹人喜爱，收入几十幅照片，还有丁聪和黄黑蛮的插图。这本图文并茂的集子一到我们家，大大小小都争着看，看了不算，还要在饭桌上议论。我只好凑他们的空儿，挑一两篇让他们给我念。有时候等不及，就戴起老花镜，拿起放大镜，看它三页五页。好在看新凤霞的东西就像听她聊天，眼睛倦了，闭上休息一会儿也无妨。

新凤霞为什么能写得这样好，成了我家在饭桌上讨论的题目。她是祖光的夫人，得到老舍先生的鼓励，得到许多好朋友的支持，这些当然都是条件。但是有了这些好条件准能写出好东西来，怕也未必。主要的还在她的生活经历丰富，小时候受苦深，学艺不容易，新中国成立以后在政治上翻了身，却又遭到不少波折……她写的不就是这些吗？她写老一辈艺人的苦难，旧班子旧剧场的黑幕；她写新时代评剧的改革，演员的新生；她写十年的浩劫，许多朋友遭到了厄运。要不是亲身经历过来，她也没有什么可写的了。但是从另外一方面想，跟她同辈的演员，经历大多跟她相仿，也有写回忆录的，像她这样畅达而深刻的似乎不多。这又为什么呢？

写东西当然得有丰富的生活经历，可是把经历写下来，要写得像个样儿，还得有一套本领。新凤霞就有这套本领，她能揣摩各种人物随时随地的内心世界，真够得上说体贴入微了。这套本领很可能是她从小学艺的时候练成的。她拜过几位师父，几位师父都没有认真教过她，她只好“看戏偷戏”——在戏院里偷着学。演龙套的时候在台上看戏，不上台的时候躲在后台看戏，她一边看一边揣摩，角儿在台上为什么这么唱这么做，为什么这么唱这么做才符合剧中人的身份和年龄，表现出剧中人的性格和心情。她不但看评剧，还看京剧、梆子、曲艺、话剧，一边看、一边揣摩。这功夫可下得深哪。先就人家唱的、做的揣摩剧中人，进一步又就剧中人的身份、年龄、性格、心情揣摩自己上台去该怎么唱怎么做才更合适，新的角色就这么创造出来了，为评剧的革新做出了贡献。

是否可以这样说，新凤霞在舞台上取得成功，就因为她从小养成了观察和揣摩的习惯。观察和揣摩本来是生活的需要，做事的需要，同时也是写东西的先决条件，而在她已经成了习惯，难怪她能写得这样好，让人读着就像看她演戏一样受她的吸引。

祖光要我写几句话鼓励鼓励新凤霞。我只能说她这本回忆录给了我极好的享受，我非常感谢。能说的话确也有几句，只是意思平常，不敢藏拙，就写成这篇短文。

1981 年 3 月

不一定是序

黄永玉

新凤霞真漂亮。

认识她已经有三十年了。她是好友吴祖光的妻子。我是先认识她之后才认识“评剧”的，看了她的《刘巧儿》才明白“评剧”有那么灿烂的世界。

现在她病了，不再演戏了，走不好路，上我家来时还让她的孝顺儿子背上三楼。那么，一晃三十年，老、弱、病、残四个字她可都全占上了。

遇见好看的女同志，当面或背后我倒是从不称赞的。我们土家族有句老话：“叫‘好’就毁了‘好’。”

对人对己，我看恐怕都是这样吧！

如今新凤霞已经五十有几了，一出门就前呼后拥地坐在轮椅上，但是，见到她的人仍是没有人会说她不是一个漂亮人物的。

古斯巴达人因为战斗，身上脸上带着的伤疤越多据说就越漂亮，那显然不纯粹是生理原因。

所以我有时推着她的轮椅总是十分感动。

她从来不叫苦，大口大口地喝着苦水，连呛也没呛过一回。她也不是什么礼教很深的大家庭出身的姑娘，哪儿来的那么从容，那么临危不惧？真是天晓得。

好友吴祖光是位极调皮又极容易闯祸的好人。1957 年大祸临头，他倒像是极轻松的，卷起包袱上北大荒旅行，拍拍屁股走了。

家里呢？剩下凤霞。有祖光的妈妈和三个颇为勇猛的幼小的儿女及一大帮亲戚六眷。祖光几乎一贫如洗，凤霞这个每天都要登台献艺的大演员，却被动地担任了司令、政委和后勤部长的职务。

20世纪60年代初，“绝塞生还吴季子”，祖光回到北京和家人团聚。还来不及笑上十次，于是运动又一个跟一个地热火上了。接着就是无人不知的“文化大革命”，这当然是用不着再去重复的。

凤霞和祖光是完全不同的两种性格的人，凑合在一起却是非常协调。吴祖光在前台，她在后台；吴祖光在外头闯祸，她在家里承担。吴祖光从小是个“神童”，她呢？写家信时能把“喝粥”弄成“喝溺”，把“捧我”写成“揍我”，把“赡养费”说成“折旧费”，把“布莱希特”叫成“希特勒”。

现在他们俩都老了，朋友们也都老了。我们家和他们家有两代人的交情，我的妻子和凤霞是极谈得来的“死党”，孩子和孩子又都是“铁哥儿们”。多少年来，我一直觉得他们这一对夫妻可真算得是“钢铁般的恩爱夫妻”。

多少年的朋友，何况我并非一个老实本分的人，鼎鼎大名的吴祖光加上我，哪儿能一点点好笑的故事都没有呢？只是自从新凤霞给我打了个极严肃的电话，委派我为她的第三本书写序的任务之后，我一肚子温暖的笑料忽然一下子都说不上来了。做了半辈子朋友，才明白评价这位漂亮美丽的朋友是一件多么庄严和神圣的事。

1984年5月4日青年节

后　记

我想奶奶了。

小时候她是唯一给我零花钱用的人。小学的时候，我第一次知道钱对我是有着要紧的用处了，也第一次参与了“聚众赌博”。首先用钱从校门口对面“奸商”手中换取整张的洋画片儿，再用手里的洋画片儿或“撮”或“拍”，技术性击败对手。这样不仅可以保留手中那张“三国”，也可以无偿得到同学手里的“西游记”。如此一来，手里的“财产”便会越来越多，只可惜我的发财大计受挫于——钱从哪来？仅仅靠省下的早点钱，并不能支撑我的计划。那时我们全家已经从爷爷奶奶的住所搬出来单住了，新家位于新源西里，距离爷爷奶奶的居所东大桥四五站地。父母忙于工作，也无法顾上我。最开始我是有家里钥匙的，可自从有一次我吃了桌上已变质的面包，得了病毒性痢疾，出差频繁的母亲便觉得放我一个人在家是件极为不明智的事情。所以在那个阶段，我接到指示，如果放学没人来接，就自己去东大桥爷爷奶奶家中谋生路。这对我来说反而是非常满意的事情了。

有天下午只剩我一个人坐在教室里，聚精会神地盯着自己的膝盖。太阳无精打采地笼罩着班主任，她挪了挪椅子：“你妈什么时候来接你？”我的膝盖识趣，微微一抖，《鹿鼎记》消失在桌斗儿里：“老师，您见我妈来过吗？”老师把头扭向一边，叹了口气：“我想回家。”她也许不见得是要回家，教室窗外男青年的身影若隐若现，显得很焦虑。我收拾着书包：“我爸说可能会晚一点，我去学校门口等他啦！”我小心翼翼地把《鹿鼎记》装进书包，抬起头的时候，讲台上空荡荡的。

四站地边玩边走，不一会儿我就爬上了东大桥四楼，小华姐姐给我开了门。先进客厅，路过爷爷的书房，然后才是奶奶的书房。刚走过爷爷的书房，就听到奶奶温温柔柔的声音：“阿郎来啦？”奶奶的耳音好，说话也好听。阿郎是我的乳名，因为爷爷看动画片，很喜欢那个光屁股勇救母亲的小孩——龙子太郎。拐进奶奶的书房里，看见她正坐在桌前写作，阳光在她身上留下一个光圈。奶奶把头扭过来，笑眯眯地看着我，拐杖一如既往地挂在磨得亮亮的桌角上，拐杖的底部包着一块橡胶头，这样拄起来不会有什么声响。每当这时，我会条件反射地拿起拐杖使劲地盘，一般孩子“安全毯心理”的具象物真的是块毯子，而我唯独钟情于奶奶的拐杖。盘拐杖对奶奶构不成威胁，对于小华姐姐来说却是很恐怖的事情，据她跟我说，我三岁的时候就可以单手拿起那只拐杖摇摇摆摆地追着她满屋子跑，现在想来是非常没礼貌的事，我很抱歉。

那时奶奶的左手已经不能动了，所以她通常会用灵活的右手敲敲桌子，我就会乖乖奉上她的“辅佐大臣”。奶奶拿回拐杖，整个人就灵活了些，左手、左腿不能动，就靠右半边身子和拐杖发力，站起来转身走到窗边。先把拐杖挂在窗台上，然后拿起一个小点心盒夹在腋下，再拿着拐杖走到我面前，重复一遍挂拐杖和放下点心盒的动作，这个过程是绝不允许我帮忙的。而我会等奶奶坐下之后，打开盒子摸里面的牛舌饼吃，然后奶奶会把拐杖“还”给我，而我会把拐杖靠在肩上，两手剥了牛舌饼的皮只吃芯。

奶奶会数着，每次到两枚以上她便会轻轻蹙眉，觉得我浪费东西。奶奶制止我的方式非常含蓄，她要我停了手，然后教我一些戏曲手势，比如“护蕊”“吐蕊”，总之不让我的手闲着。我一边学着奶奶神奇的手势，一边说起学校的事，自然就说了洋画片儿的好处和我今天是走路来的，我想应该是后者让奶奶有些动容了，她停下了手，先翻开外衣，然后是毛衣，层层叠叠之下，像变戏法一样地取出一个小小的钱包，从里面数了五元钱给我：“买点好吃的，下回坐公共汽车。”我点点头，掩饰着激动的心情接过这笔巨款。

奶奶迟疑了一下，似乎想到了什么：“你那个洋画片儿，给我看看。”我从兜里掏出我的“三国”，正面印着戴着翎子的周瑜，反面是人物介绍。奶奶似乎放了心，可也还是念了我一句：“买点小人儿书看不好吗？”“我都看字书了。”奶奶笑了，奶奶笑起来最好看，她一定是很满意我的回答：“读书好，是什么书呀？”“《鹿鼎记》，挺好看。”我自顾自地说了很多《鹿鼎记》，奶奶的笑容又不是很热烈了：“阿郎，去看看小华饭做好没有。”后来我收到了金庸先生送我的一套签名作品《射雕英雄传》，而不是《鹿鼎记》。

那时候，我没看过《花为媒》，也不知道《刘巧儿》。奶奶对我来说只是我的奶奶，温温柔柔，细声慢语，极少大声说话，除非我又追着小华姐姐满屋跑，又或者爷爷因为搞创作迟迟不来桌边吃饭。有很多阿姨会常来拜访奶奶，她们会随着奶奶在书房里“咿咿呀呀”。每当我好奇地想往奶奶书房里蹿的时候，爷爷就会领着我下楼去吃羊肉串，顺便，再买本《哈尔罗杰历险记》给我，随后必然要表达一番关于“羊肉串不是羊肉”的理论。

奶奶从未向我抱怨过她所遭受的苦难，或许是无从说起，又或是觉得没有必要。她经历了一个人不如牛马的时代，也经历了新中国痛苦且无奈的时刻，又经历了大好年华却无法再登上舞台的岁月。作为演员，她的成就辉煌；作为作家，她写出了数百万字；作为画家，她的画展开遍海内外。无论顺境、逆境，她都在埋头做自己的事，且都有所作为，这是一个人的根本。

家父曾哄她开心："妈，你这个成就太厉害了，比爸爸都厉害。"奶奶则是看了他一眼："你也别逗我，我能跟你爸比吗？我写字、画画，你爸就能开心点儿，我也少烦他点儿。"

唯一会让奶奶伤感的，是看到她的老伙伴们登台演出。每当这时，她只能静静地看着，眼泪便会控制不住地滑落。那时我还小，不知从何问起，又或者也觉得没有问的必要。

执笔奶奶的传记，除了年少时的记忆，还有便是参考奶奶已经出版的作品。可时不时又忍不住会有一点儿想象，想象那时奶奶的舞台上下，想象她与爷爷的相爱与相守。有一年中国评剧院举办纪念奶奶的演出，她的徒弟们到父亲家里，围坐在二楼整理、修补奶奶的戏服。师姐妹们说说笑笑，舞动着手里的针线，阳光洒在她们身上。我搬了板凳坐在角落，听着光晕中的她们哼着张五可，哼着刘巧儿……

又及。

奶奶曾在1946年演出过《风雪夜归人》。年幼的我也曾不知天高地厚地对爷爷说："《风雪夜归人》好像没写完。"爷爷有些意外，又很高兴地看着我："我也觉得没写完，那你写完呀！"奶奶只是在一旁笑。只可惜直到爷爷奶奶去世，我也没能完成。

直到去年（2023年），我作为《风雪夜归人》的剧本整理向爷爷的这部著作里注入了一些"私货"，由重庆话剧院在抗建堂驻演，那里是话剧《风雪夜归人》首演的地方，似乎这样，我对爷爷奶奶稍微有了一点点交代。

吴幼麟

参考文献

◎ 新凤霞著:《新凤霞回忆录》,百花文艺出版社,1980年。

◎ 新凤霞著:《艺海博览》,河北人民出版社,1997年。

◎ 新凤霞著:《梨园旧影》,河北人民出版社,1997年。

◎ 吴祖光著:《掌握命运》,大众文艺出版社,2001年。

◎ 吴祖光、新凤霞著,张昌华编:《舞台上下》,商务印书馆,2018年。

◎ 新凤霞著:《美在天真——新凤霞自述》,山东画报出版社,2018年。